**Gedichte
aus heiterem
Himmel**

HEINZ BRUDLER

Gedichte aus heiterem Himmel

Bibliografische Information der Deutschen Nationalbibliothek:
Die Deutsche Nationalbibliothek verzeichnet diese Publikation in der Deutschen
Nationalbibliografie; detaillierte bibliografische Daten sind im Internet über
< http://dnb.d-nb.de > abrufbar.

Satz, Umschlaggestaltung, Herstellung und Verlag:
Books on Demand GmbH, Norderstedt

ISBN: 978-3-8334-8083-6

Inhalt

Vorwort

Dies Büchlein bringt nicht, wie's heut Brauch,
Pornographie und üble Zoten.
Brutalitäten fehlen auch.
Gehörte es da nicht verboten?

Traktätchen über Literätchen

Segen des Dichtens

Ein Dichter, der da sitzt beim Schreiben,
kann keinen andern Unfug treiben.

Ein Dichterling

Ein Versschmied saß betrübt daheim:
Er fand auf »Kondor« keinen Reim.
Doch bald gelang sein Werk, denn weise
schrieb er statt »Kondor« nunmehr »Meise«.

Schlagertexters Mixrezept

Man nehme eine Maid und einen Boy,
ein bisschen Herz und reichlich duba-dei,
verrühre alles dies mit spitzem Blei,
und fertig ist der schönste Schlagerbrei!

Ein Memoirenschreiber

Ein Filmschauspieler, reich an Jahren,
schrieb höchst bedeutende Memoiren.
Die Menschheit musste doch erfahren,
wie seine sieben Ehen waren.

Ein unmöglicher Dichter

Als eines Nachmittags Frau Fink
zu einer Dichterlesung ging,
da schwebte ihr vor Augen schon
mit Wallehaar der Musensohn.

Doch in dem kleinen Lesesaal
sah sie: Der Literat war kahl.
Da dachte sie enttäuscht: O nein,
solch Mann kann doch kein Dichter sein!

Zweifaches Drama

Ein Mann schrieb ein modernes Drama,
und was nun folgt, ist keine Fama.

Da gab es einen Morphinisten,
zwei Huren, einen Nihilisten,
drei Säufer, einen Kriminellen
und einen Homosexuellen.

So groß auch der Personen Zahl war,
da war kein Mensch, der schlicht normal war.
Und auch der Ausdruck war zum Speien,
er triefte schier vor Schweinereien.

Das Schlimmste aber sollt' noch kommen:
Das Drama wurde angenommen.

Adelskunde

Die Dichterin Christina Stahn
schrieb ihren zwölften Heftroman.
Sie schildert darin lang und breit,
wie Gräfin Ann Graf Andrew freit
und wie dann deren Clan sinniert,
ob sie den Richtigen gekürt.
Danach teilt die Autorin mit,
was Ann bei einer Jagd erlitt.
Die Edle fiel vom edlen Ross;
mit Beinbruch lag sie lang' im Schloss.
Zu diesem Leid kam manches Mal
noch Kummer mit dem Personal. –
Wer all das liest, denkt: Da schau her,
der Adel hat es wirklich schwer!

Über Schreibstümper

Recht, dass einer Schmarren schreibt,
wenn das Flickwerk ihn beschwingt,
wenn er sich so Zeit vertreibt
und – sich nicht gleich Dichter dünkt.

Ein Falschmünzer

Ein Jüngling, der sich Dichter nannte,
weil er die Lieblichkeit der Flur
in honigsüße Worte bannte,
besang wie nachfolgt die Natur:

»O Finkenschlag,
o blaues Zelt,
o Buchenhag,
o grünes Feld,
o Frühlingstag,
o bunte Welt!«

Hier schloss der Bursch den Lobgesang,
weil es – in seinem Zimmer stank.

Verkanntes Genie

Die Welt ist zweifelsohne schlechte,
man müsste sie mal renovieren.
Durch meine Dichtkunst, ja, da möchte
ich sie von Grund auf reformiern.

Ich könnte dicke Bücher schreiben,
die besserten die Welt bestimmt!
Ich lasse es nur deshalb bleiben,
weil kein Verlag so Forsches nimmt.

Verharre denn, o Welt, im Bösen,
verbiet dem Dichtgenie den Mund!
Mein Werk allein könnt' dich erlösen,
doch ohne es gehst du zugrund'.

So sei's! Ich werde drum nicht weinen,
und was geschehen soll, gescheh'!
Doch vorher schreibe ich schnell einen
Reklamevers für Kräutertee.

Der arme Poet

Wie gülden glüht das Abendrot! –
Bekomm' ich heut kein Abendbrot,
dann bin ich morgen Abend tot.

Gedichte
über Wichte

Der kleine Gernegroß

Ein Mann von winziger Statur
– eineinhalb Meter maß er nur –,
der sah voll Ärger und voll Neid
auf alle großgewachs'nen Leut'.
Er war schon dreißig Jahre alt
und wurd' nicht größer an Gestalt.

Es wuchs jedoch der Zorn des Gnoms,
drum stieg er in den Turm des Doms
und krähte oben froh »Hurra!«,
als er die »kleinen« Menschen sah.
Er selbst wollt' nie mehr winzig sein,
er blieb im Turm – und ging dort ein.

Der schuldige Teil

Ein Mann stahl einem Weibe Summen
papier'nen Gelds. Drum musst' er brummen.
Er brummte aber nicht nur zeitlich,
nein, nein, auch stimmlich, und zwar weidlich:

»Die Frau, die damals ich bestohlen,
die soll – bei Gott – der Teufel holen!
Klar, dass sie mich zur Tat verführte,
indem sie schlankweg existierte.«

Petri Unheil

Ein Angler fing am ganzen Tage
nur einen kleinen Ukelei,
und er begann ein Wehgeklage,
das anwuchs zum Geschrei.
Er tobte schließlich wie ein Sturm
vor dem Gewitter los:
»Ach, hätt' ich noch den Köderwurm,
der war dreimal so groß!«

Leidenschaft

Ein Mann aus Hamburg-Eidelstedt,
der Paffen nur im Sinn,
gab in der Not sein Federbett
für eine Pfeife hin.
Auch die Matratz' gebrauchte er
nicht mehr zu ihrem Zweck,
nein, ihre Füllung rauchte er,
als wär' es echter Shag.

Heldenhafter Kampf

Sechs Uhr. Ein Mann steigt aus dem Bette
und greift auch schon zur Zigarette.
Doch knurrend mahnt der leere Magen,
dem Qualm vorm Frühstück zu entsagen.

Auch recht, beschließt der Mann im Stillen.
Man achte auf den starken Willen!
Der Mann verstaut die Zigarette
und macht nun erst einmal Toilette.

Dann liest er Zeitung, und indessen
bereitet seine Frau das Essen.
Wie lange das nur wieder dauert!
Der Mann sitzt da und lauert, lauert ...

Verdammt, er wird sich noch erkälten!
Beim Warten hat man das nicht selten!
Doch greift der Held nicht zur Tablette.
Er raucht »zum Schutz« 'ne Zigarette!

Ein Mann

Ein Mann strebt heimwärts nach des Tages Mühen.
Die brave Kleinstadt ging schon längst zur Ruh',
doch sündhaft bunte Neonlichter glühen
noch an der Bar »Zum grünen Kakadu«.

Der Mann verharrt kurz vor den Butzenscheiben.
Dann geht er – ins Lokal. Und das erhellt:
Es kann der Frömmste nicht im Frieden bleiben,
wenn es der bösen Nachtbar nicht gefällt.

Das Lied vom braven Seemann

Hoch klingt das Lied vom braven Kuddel,
der nie ein Gläschen Weinbrand trank;
er trank ihn nämlich aus der Buddel,
bis er berauscht zu Boden sank.

Oft sagte er: »Nur ungern sauf' ich;
ich find' das Picheln schauderhaft,
doch eben deshalb nehm' ich's auf mich.
So üb' ich meine Willenskraft!«

Säufers Seufzer

Da sitzt man nun und tankt und tankt,
und keinen gibt's, der's einem dankt!

Teufelskreis

Der Schwache schluckt beim kleinsten Schmerze Pillen,
um das Wehwehchen alsogleich zu stillen.
Und rät man ihm zu Mut und Durchhaltwillen,
dann – schluckt er »Mutdragées« und »Willenspillen«.

Mannhaft und klug

Ach, ich wurde manchmal schon beleidigt:
»Blödmann!«, »Lump!«, »Sie räudiger Schakal!«
Doch ich hab' mich wirksam stets verteidigt:
»Sagen Sie das nicht noch tausendmal!«

Ein Unschuldsengel

Ein Wirrkopf sagte: »Schuld am Streit
sind immer nur die andern Leut'.
Wahrhaftig, schuld sind stets nur sie;
denn sind sie fern, zank' ich mich nie.«

Ein Titelheld

In einem Wirtshaus rief Herr Schober
bereits zum dritten Mal: »Herr Ober!«
Der Angerufene vernahm das,
und dennoch kam er nicht. – Wie kam das?
Nun ja, der Mann war (welch Zinnober!)
nicht Ober, sondern Oberober.

Selbstverteidigung

Es war einmal ein junger Mann,
der zündete ein Rathaus an.
Man fing zum Glück den Bösewicht
und stellte ihn dann vor Gericht.

Der Bursche aber brüllte wild:
»Am Rathaus war kein Hinweisschild,
dass Zündeln dort verboten sei!
Drum sprechen Sie mich schleunigst frei!«

Bildungsbeweis

Meine Nachbarin, Frau Stiller,
kennt nicht Goethe, kennt nicht Schiller.

Und doch ist die Frau nicht dämlich.
Keineswegs. Mich kennt sie nämlich!

Unerhebliche Erhebungen

Den Egozentrikern verschafft
die Masse Unbehagen,
und sie versuchen geckenhaft
aus ihr herauszuragen.

Der eine Querkopf tätowiert
sich Bilder auf die Beine,
ein andrer Gernberühmter führt
ein Hähnchen an der Leine.

Ein dritter zeigt sich öffentlich
mit einem Babylatze,
ein vierter Spinner schneidet sich
aus Ruhmsucht eine Glatze.

Ein fünfter prahlt in einem fort,
weil er auf Ruhm versessen;
ein sechster bricht den »Weltrekord«
im Heringsschwänzefressen.

Fast nackt zeigt sich die eine Maid,
die andre treibt's noch krasser,
die springt mit ihrem neusten Kleid
im Stadtbad in das Wasser.

Die dritte färbt sich grün das Haar
und blau die Augenbrauen,
die vierte lässt sich in der Bar
auf eignen Wunsch verhauen.

Die fünfte trägt, auf Ruhm erpicht,
stets forsche Jockeykleidung;
die sechste rückt sich in das Licht
durch ihre vierte Scheidung.

Ach, jedem Menschenkind ist ein
gelinder Tick zu gönnen.
Doch wahrer Ruhm entspringt allein
aus Güte, Geist und Können.

Unterschied

Gewisse Leut' behängen sich
stets mit den neu'sten Sachen
und halten sich für fortschrittlich,
wenn sie »in Mode machen«.

Doch Menschen, denen Höh'res fern,
die nur für Mode lodern,
die sind in Wahrheit nicht *modern*,
sie sind in Wahrheit *modern*.

Der Filmheld

Benimmt ein kleiner Irgendwer
sich irgendwo mal schlecht,
so tadeln ihn die Leute sehr
und stauchen ihn zurecht.

Ich möchte drum ein Filmheld sein,
das wär ein großer Coup.
Die Massen würden Beifall schrein
zu allem, was ich tu'.

Ich rief »Hoppla, jetzt komm' ich!«
und winkte arrogant.
Die Leute sagten sicherlich:
»Nein, ist der Mann charmant!«

Ich legte, säß' ich in der Bar,
die Beine auf den Tisch.
Die Gäste jauchzten: »Seht den Star,
wie unbekümmert frisch!«

Ich wollt', ich wär' so populär,
dann hätte ich es gut.
Denn jeder sagte dann: »Ja, deeer!
Der hat noch Schwung und Mut.«

Es wüsst' ja nicht der Irgendwer,
dass in dem Auto, das
mit Vollgas raste in das Meer,
für mich ein Strohmann saß.

Und niemand wüsst' das Schlimmste gar:
dass in dem Film »Gigant«
der wahre Held ein Double war,
ein kleiner Unbekannt.

Im Ernst: Der Filmstars Heldentum
beruht zumeist auf Schlich.
Ich pfeif' auf solchen falschen Ruhm
und bleibe lieber ich.

Frechheit siegt

Ein Jüngling plärrte monoton
oft Schlager in ein Mikrophon.
Sein Stimmchen war so dünn wie Blech;
doch mit Gehabe, dreist und frech,
errang der Geck der Hörer Gunst.
Tja, Frechheit gilt heut oft als Kunst.

Bahnwahn

Die Straßenbahn ist überfüllt,
da wird so mancher Fahrgast wild.
Auf die Füße man mir rauftritt,
heute schon der dritte Auftritt!
Ein Flaschenkind brüllt.
Drauf folgt Geschimpfe momentan.
Zwietracht in der Bahn.

Jemand rammt mich in die Flanke,
dass ich trotz der Enge wanke.
Ungerührt die andern streiten
übers Wetter und die Zeiten.
Pfui, welch Gezanke!
Hier grober Basston, dort Sopran.
Zwietracht in der Bahn.

Ein Opa auf die »Kutsche« flucht,
ein Fräulein ihre Börse sucht.
Leider zeugt auch im Gedränge
dicke Luft die Menschenmenge.
Das ist doch verrucht,
und mancher rümpft sein Riechorgan.
Zwietracht in der Bahn.

Man beschimpft den »Wüstenschlitten«
und die ungezog'nen Sitten,
ach, so vieler Reisegäste.
Selbst beträgt man sich aufs Beste,
ganz unumstritten.

Die andern sind nur inhuman!
Zwietracht in der Bahn.

Zwei »Kerls« in blauer Arbeitskluft
verschaffen sich mit Flüchen Luft
über die, die schick gekleidet.
Auch wer sitzt, wird laut beneidet.
Versteckt wird gepufft.
Doch keiner hat es dann getan.
Zwietracht in der Bahn.

Plötzlich springt sie aus der Weiche
und steht still wie eine Eiche.
Da ist aller Zank begraben,
alle eine Ansicht haben,
genau die gleiche:
Gemeinsam schimpft man auf den »Kahn«.
Eintracht – vor der Bahn.

Sturer Kerl

Ein Mann saß abends stets zu Haus
und glotzte oft bis nach null Uhr.
War eine Sendung auch ein Graus,
er ließ sie dennoch niemals aus,
der Kerl war eben stur.

Er sah den »Kochkurs für die Frau«
und den Bericht »Vom Hanf zur Schnur«,
er schaute zu beim Kanubau
und bei der Hundemodeschau,
der Kerl war eben stur.

Und lief einmal ein toller Schwank
voll derber Komik und Bravour,
selbst wenn's ein Lustspiel gab von Rang –
er saß nur da, als wär' er krank;
der Kerl war eben stur.

Wenn er die Tagesbilder sah
von Sturm und Brand in der Natur,
von Krisen dort und Kriegen da,
so ging ihm alles dies nicht nah,
der Kerl war eben stur.

Nur einmal wurde er erregt,
denn da versagte jäh das Bild.
Dies »Unglück« hat ihn tief bewegt,
sein Gleichmut war wie weggefegt,
der Sture wurde wild.

Tags drauf erhielt der Kerl die Kist'
heil vom Mechaniker retour.
Gleich sah er fern, nicht froh, nicht trist;
und wenn er nicht gestorben ist,
dann ist er heut noch stur.

Kleine Sprachlehre

Einst starteten zwei Neunmalkluge
zu einem geist'gen Höhenfluge.

Der erste sagte: »Alles Sein
ist Illusion, ist purer Schein.
In praxi existiert kein Fakt,
der objektiv, real, exakt.«

Der zweite sprach: »O non, mon chèr,
nicht alles ist illusionär.
Exempli causa ist zumal
das Reich der Zahl total real.«

»Nein«, sprach der erste, »nicht mal das
ist absolute veritas.
Ich asseriere: Kein Problem
passt in ein fixes Theorem.«

Der zweite meinte: »Chèr ami,
die Chose ist konträr doch die:
Ein Faktum ist stets evident,
und nur manch Agens ist latent.«

Noch lang' »parlierten« die »Genies«,
wobei es unter anderm hieß:
»kausal«, »final«, »markant«, »frappant«,
»exorbitant« und »relevant«.

Ein Opa, der dies alles hörte,
trat vor die Spinner und erklärte:
»Man sollt' euch auf die Gusche hauen.« –
Wie tobten da die Neunmalschlauen!

Der Greis jedoch fuhr fort: »Na, seht ihr,
auch ungetrübtes Deutsch versteht ihr!«

Übertrumpft

Es gibt im Menschenleben Fälle,
in denen eine Krankheitsquelle
im Leib voll List verborgen liegt
und schlimmer Schmerz im Innern pikt.

Da heißt es dann zum Doktor eilen,
mitunter kann solch Mann ja heilen.
Das dachte sich Paul Kränklich auch
und sprach zum Arzt: »Mich sticht's im Bauch.«

»Aaach«, rief der Doktor, »lieber Kränklich,
der Fall ist völlig unbedenklich!
Es ist der Magen, der Sie sticht.
Doch sorgen Sie sich deshalb nicht!

Ich werde Ihnen was verschreiben,
das wird Ihr Leiden schon vertreiben.
Hier das Rezept! Sie werden sehn:
Bald wird es Ihnen besser gehn.«

Ach, davon zeigte sich kein Schimmer.
Im Gegenteil: Es wurde schlimmer.
Es ist ein ganz natürlich Ding,
dass Paul erneut zum Doktor ging.

Da ihn der vor'ge falsch beraten,
ging Paul jetzt zum Homöopathen.
Er zeigte auf den Bauch und schrie,
dass ihn dort schmerze wie noch nie.

»Hm«, sprach der Doktor, »diese Schmerzen,
die kommen zweifellos vom Herzen.
Na, trinken Sie mal ›Herzgold‹-Tee,
dann schwindet sicherlich Ihr Weh!«

Der Doktor hatte nicht gelogen,
denn Kränklichs Schmerz war rasch verflogen.
Doch leider, leider kam er bald
zurück mit doppelter Gewalt.

Um endlich Klarheit zu erlangen,
ist Paul zum dritten Arzt gegangen.
Hier schilderte er dieses Mal
gefasst und sachlich seine Qual.

Der Arzt besah sich Kränklichs Zunge,
dann untersuchte er die Lunge.
Dann presste er nach altem Brauch
mit beiden Händen Kränklichs Bauch.

Paul stöhnte, wimmerte und röhrte,
worauf der Doktor fest erklärte:

»Die Ursach' Ihres bösen Leids
ist ein akuter Blinddarmreiz.«

Da fauchte Paul: »Ich bin erschlagen!
Der eine meint, es sei der Magen;
ein zweiter Arzt sagt ohne Scherz,
der Sitz der Krankheit sei mein Herz.

Jetzt sagen Sie gar als der dritte,
dass ich an Blinddarmreizung litte.
Ich bin für Witze allezeit,
doch was zu weit geht, geht zu weit!«

»Stopp!«, rief der Arzt. »Nun mal gebührlich!
Die Sache ist durchaus natürlich.
Es ist ganz richtig, lieber Mann:
Ihr Leiden fing beim Magen an.

Doch wurde es alsbald vom Magen
durch Ihren Leib ins Herz getragen,
und dies erzeugte seinerseits
auf gleichem Weg den Blinddarmreiz.«

Das schien denn Paul doch zu phantastisch,
drum meinte er dazu sarkastisch:
»Herr Doktor, allerbesten Dank!
Jetzt seh' ich den Zusammenhang.

Nur glaube ich, es kommt mein Wehe
vom Hühnerauge an der Zehe.
Der Schmerz, der tief am Fuße bohrt,
natürlich auch im Bauch rumort.«

Bayern-Hochzeit

(NACH DEM LIED »EIN VOGEL WOLLTE HOCHZEIT MACHEN«)

Paar Leutchen wollten Hochzeit feiern
in dem schönen Bayern.
Viderallala, viderallala, videralla lallala.

Der letzte Gast erschien um drei,
und schon begann die Keilerei.
Viderallala ...

Der Giselher, der Giselher
war hinter Jürgens Liesel her.

Daher begann der Jürgen
den Giselher zu würgen.

Das wieder wurmte Hagen,
drum tat er Jürgen schlagen.

Der gab nun Hagen einen Stoß,
und danach ging's erst richtig los.

Der Otfried, der Otfried
vermöbelte den Gottfried.

Die Vroni, die Vroni,
die zog am Bart den Toni.

Der Nikolaus, der Nikolaus
schlug einen Zahn dem Vico aus.

Der Theobald, der Theobald,
der machte fast den Leo kalt.

Der Rudi, der Rudi
verprügelte die Trudi.

Die Wanda, die Wanda
zerkratzte die Amanda.

Der Bruno, der Bruno
zerriss das Hemd dem Kuno.

Der Rudolf, der Rudolf,
der biss ins Ohr den Ludolf.

Die Hella, die Hella
bewarf mit Brei die Ella.

Die Nelly, die Nelly
stach in den Po die Elli.

Der Roderich, der Roderich,
der raufte fast zu Tode sich.

Die Bayern-Hochzeit war erst aus,
als alles lag im Krankenhaus.
Viderallala, viderallala, videralla lallala.

Unfrohes Fest

Noch fünf Wochen bis zum Feste,
viel zu früh zum Vorarbeiten!
Doch die Hausfrau wollt' aufs Beste
jetzt schon alles vorbereiten.

Sie sinnierte und sondierte,
disponierte, regulierte,
projektierte, kalkulierte,
inspizierte, instruierte,
registrierte, komplettierte,
visitierte und platzierte,
modellierte und verzierte,
sie polierte und lackierte,
dekorierte und sortierte,
kontrollierte, reparierte,
appretierte und drapierte.
Ach, noch mehr. Sie tapezierte,
renovierte, präparierte;
sie verschnürte und frankierte,
adressierte, expedierte,
gratulierte, kuvertierte,
sie taxierte und notierte,
galoppierte und chauffierte.
Sie panierte und pürierte,
sie frittierte und filtrierte,
frikassierte und garnierte,
konservierte und glasierte,
sie tranchierte und kandierte,
sie verrührte und probierte.

Auch am eigentlichen Feste
herrschte hektisches Getue;
denn die Frau, ihr Mann, die Gäste
hielten nichts von Festtagsruhe.

Sie parlierten schwadronierten,
spintisierten, räsonierten,
renommierten, fantasierten,
während sie zum Bildschirm stierten.
Sie dinierten und soupierten,
schnabulierten, portionierten,
wobei alle derart gierten,
dass sie nichts recht rationierten.
Auch beim Trunk sie schlecht dosierten.
Weil die Leute sich nicht zierten
und viel Weingeist konsumierten,
alle plötzlich Schmerzen spürten.
Was nun tun? Sie laborierten:
schluckten Pillen und purgierten,
balsamierten und massierten –
ohne dass sie sich kurierten.

Ach, am Schluss der Festtagsplage
lagen alle krank danieder.
Doch dann folgten andre Tage,
da erholten sie sich wieder.

Eine Geburtstagsfeier

Werner ist heut zwanzig Jahre.
Die Verwandten rücken an,
wollen sich für Trödelware
ihre Bäuche füllen dann.

Dreizehn Menschen sind versammelt
in dem kleinen Festlokal.
Tante Emma stutzt und stammelt:
»Dreizehn ist 'ne Unglückszahl.«

Dreizehn Menschen sind versammelt,
(Gäste samt Geburtstagskind),
und der Tisch ist vollgerammelt,
denn das Kaffeemahl beginnt.

Tante Hilde fragt soeben:
»Kommt wohl Heinz heut noch mit ran?«
Niemand will ihr Antwort geben,
weil, wer spricht, schlecht speisen kann.

Kurz, noch fallen wenig Worte.
Nun, die holt man später nach.
Lies verputzte ein Stück Torte,
während Hilde grade sprach.

Endlich hört man auf zu tafeln.
Wird man eine Sohle drehn?
Nein, man zieht es vor, zu schwafeln
und ein wenig hellzusehn.

Tante Lies liest aus den Karten
die Entwicklung alles Seins,
doch ganz gegen ihr Erwarten
kommt um sechs ihr Neffe Heinz.

Kaum steht dieser auf der Schwelle,
da erhebt sich Onkel Jan
und verduftet auf die Schnelle,
weil er Heinz nicht riechen kann.

Doch um niemand zu verbittern,
brummelt Jan, wie sich's gehört,
irgendwas von »Hühner füttern«
und verschweigt, dass Heinz ihn stört.

Klar, das muss man Jan verbuchen,
darum grient man auch geziert.
Dann wird seinem Neffen Kuchen
nebst dem Kaffeerest serviert.

Aber Heinz wirkt appetitlos,
wie er da am Kuchen polkt.
Sehr begreiflich, denn er sieht bloß:
Hier wird sein Verbrauch verfolgt.

Nebenher tratscht man verwegen,
doch wird hierbei Heinz verschont,
weil nur die, die nicht zugegen,
durchzuhecheln sich verlohnt.

Während Emma grade krittelt
»Schmidt sieht aus wie 'n Hefekloß«,

legt Ohm Rudolf unvermittelt
über Ungeziefer los.

Da hört Heinz schnell auf zu kauen;
satt ist er zwar längst noch nicht,
doch wer kann noch was verstauen,
wenn man über Ratten spricht?

Und jetzt geht es gar noch weiter;
Onkel Rudi kommt in Fluss,
er erzählt von Pest und Eiter
und macht erst bei Leichen Schluss.

Alle rümpfen ihre Nase,
wittern Leichengift und Gruft,
doch belehrt sie Werners Base:
»Das ist nur der Käseduft.«

Rasche Tat folgt diesem Worte,
denn der wackre Onkel Fritz
reicht den Rest der Käsetorte
schnell dem gar nicht spitzen Spitz.

In entkäster Atmosphäre
setzt man das Geplapper fort.
Paul meint, jede Heirat wäre
weiter nichts als Doppelmord.

Werner, dieser kleine Spötter,
sagt ganz ernsthaft nebenbei,
dass im Januar das Wetter
kälter als im Juli sei.

»Kälte« ist für alte Maiden
ein beliebtes Ausgangswort,
und schon schwätzen sie von Leiden,
Ärzten, Kuren und so fort.

Währenddessen ziehn die Männer
sich aufs Kanapee zurück
und entfalten dort als Kenner
ein Gespräch vom Schlachtenglück.

Zum Gefechtsstand wird der Diwan,
und Stratege Paul erklärt:
»Nur die Kälte hat dem Iwan
über uns den Sieg beschert.«

Hier gerät Ohm Fritz in Rage:
»Paul behauptet etwas viel;
schließlich war auch Sabotage
und Verrat bei uns im Spiel.«

»Stimmt«, tobt Karl. »Doch glaubt mir, Brüder:
Nächstes Mal geht's anders lang!
Oh, ich mähe alles nieder
und stürm' vorwärts mit Gesang!«

So verkündet Karle Schrecken
mit verwegenem Gesicht,
während grad' die Frau des Recken
über dessen Asthma spricht.

Tja, auf diesem tristen Feste
ist der Geist nun einmal knapp,

und der Weingeist bringt die Gäste
vollends vom Gehirngeist ab.

Mit dem dümmlichsten Geschwafel
schlagen sie den Abend tot.
Schließlich drängen sie zur Tafel,
denn jetzt gibt es Abendbrot.

Sie verzehren es mit Weile,
und nach dieser Prozedur
äußert Emma plötzlich Eile,
und auch Erna schaut zur Uhr.

Beide sind kaum auf der Treppe,
als sich Onkel Paul besinnt:
»Erna hat noch keine Sch... leppe
und erw... wartet schon ein Kind.«

Werner sagt mit sichrer Zunge:
»Wer mir glaubt, nur schwerlich irrt:
Ernas Baby wird ein Junge –
falls es nicht ein Mädchen wird.«

Böses Schweigen in der Runde ...
Werner registriert es froh.
Da entfährt was Rudolfs Munde
oder vielmehr seinem Po.

Diesem Wind, der nicht der beste,
folgt ein Lachorkan geschwind,
und das zeigt, wie leicht die Gäste
doch zu unterhalten sind.

Als sich endlich legt das Prusten,
prostet Werner Rudolf zu
und erklärt ihm, dass bei Husten
Eukalyptus Wunder tu'.

Wieder wiehern alle Tanten,
auch die Onkel, Mann für Mann,
und dann treten die Verwandten
nach und nach den Heimweg an.

Als der letzte Gast gegangen,
jubiliert der Jubilar,
und dann langt er voll Verlangen
eine Buddel von der Bar.

Fort sind Onkel, Tanten, Base;
das ist ihm ein schöner Trost.
Endlich ist sie weg, die Blase!
Darauf trinkt er einen. Prost!

Hagens Wiegenfest

Jüngst an Hagens Wiegenfeste
zeigte bei der Feier sich:
Die Gespräche seiner Gäste
waren wenig feierlich.

Als es Kaffee gab, sprach Maren:
»Ich gieß' etwas Wasser zu.

Leider muss ich so verfahren,
sonst find' nachts ich keine Ruh'.«

Hierauf folgten Worte Gretes.
»Ich verdünne Kaffee nicht,
aber wegen Diabetes
auf den Zucker ich verzicht'.«

Pilleschluckend maulte Heide:
»Hab' Verstopfung alleweil.«
Ludwig jammerte: »Ich leide
eher an dem Gegenteil.«

In der ganzen Gästerunde
plagte alle Leut' ein Leid;
sie beklagten's Stund' um Stunde,
hin und her und lang und breit.

Anna machten Kreuzbeschwerden
hin und wieder viel Verdruss,
und das Schmerzhafteste auf Erden
sei ein böser Hexenschuss.

Dem hat Minna widersprochen,
denn viel größer sei der Schmerz,
wenn ein Lebensbund zerbrochen
und vor Kummer krank das Herz.

Arnold greinte, seine Lunge
trübten Schatten, und sodann
steckte sich der alte Junge
eine Zigarette an.

Leonore sprach verdrießlich
über Pilz am großen Zeh.
Ferdinand erklärte schließlich,
ihm tät' oft die Hüfte weh.

Krankheit machte hier die Runde,
jeder über sie nur sprach,
und es folgte Stund' um Stunde
Ungemach auf Ungemach.

Nur der Spielverderber Hagen
tat kein einz'ges Leiden kund.
Ach, er hatte gleichfalls Plagen,
doch der Querkopf hielt den Mund.

Limericks

Fünfzeilige Juxverse

Ortsgedichte

Es lebte ein Fettsack in Kiel,
der aß allzu oft und zu viel.
Vor Jahren der Feiste
ins Ruhrgebiet reiste.
Natürlich war Essen sein Ziel!

Erstaunt las ein Schlosser aus Dreisen:
»Der Mensch braucht zum Leben auch Eisen.«
So nahm der Mann
ein Näglein dann,
um dieses beherzt zu verspeisen.

Laut schrie ein Knecht aus Siebeneichen
nach einem Unglück ohnegleichen.
Er rief: »Welch Schiet!
Mein Kopf geriet
mir zwischen zwei der Kutschradspeichen.«

Ein Ignorant aus Menzenschwand
fuhr kürzlich in das Siegerland.
Er war verstimmt
und sehr ergrimmt,
als er dort keine Sieger fand.

Im Saal sang eine Frau aus Rust
recht stümperhaft von Lieb' und Lust.
Doch jeder Mann
sah dies gern an.
Die Frau sang halt aus voller Brust!

Ein Pessimist aus Gerolstein
schloss im Tresor sein Bargeld ein.
Dann sprach er: »Nu,
die Tür ist zu.
Doch könnt' sie ruhig zu-er sein.«

Es sang einst ein Mann aus Cuxhaven
dem Söhnchen ein Liedlein zum Schlafen.
Der Bub aber sprach
zum Vater danach.
»Wofür wolltest du mich denn strafen?«

Es war 'nem Boy aus Beverungen
der Start als Schlagerstar misslungen.
Nach dem Malheur
wurd' heiser er.
Da ging's steil aufwärts mit dem Jungen.

Ein Alltagsphilosoph aus Plauen
hielt herzlich wenig von den Frauen.
Oft sprach der Mann:
»Mein Gott, man kann
wohl *sie*, jedoch nicht *ihnen* trauen.«

Es maulte ein Playboy aus Trier:
»Mist, dass ich beim Spiel stets verlier'!
Doch jüngst kam es vor,
dass nichts er verlor.
Da spielte er nämlich Klavier.

Da schoss doch ein Kicker aus Kretz
drei Tore im Spiel gegen Metz.
Gab das 'nen Krawall!
Der Kerl drosch den Ball
ja stets in das eigene Netz.

Es pflegte ein Sportler aus Egeln
am liebsten bei Flaute zu segeln.
Er machte geschwind
durch Hemdwedeln Wind
und protzte: »So muss man das regeln!«

Es sprach ein Arzt aus Schöppenstedt:
»Ich finde Fernsehen sehr nett.
Es wirkt so labend
nach Feierabend.
Doch Bett bleibt selbstverständlich Bett.«

Beim Maskenball ein Mann aus Wierthe
als Tramp den ersten Preis kassierte.
Er dacht': Nanu?
Wie ging das zu?
Wo ich mich gar nicht kostümierte!

Es ließ sich eine Frau aus Rauen
ein stromgetriebnes Schlagwerk bauen.
Kam nun ihr Klaus
beschwipst nach Haus,
hat sie ihn elektrisch verhauen.

Es ging eine Dame aus Rheydt
in der Mode stets mit der Zeit.
Nur eines Maitags
trug sie schon freitags
ein Sonnabendnachmittagskleid.

Es liebte ein Schlemmer aus Hessen
die seltensten Delikatessen.
Jüngst sprach dieser Mann
zwei Glühbirnen an:
»Wenn ihr reif seid, werd' ich euch essen.«

Es hängte sich ein Bursch aus Limmer
ein Rad mit Dynamo ins Zimmer.
Und seine Grit
rief: »Kerl, nun tritt!
Sonst kocht im Topf die Suppe nimmer.«

Es war ein Genie in Bad Münder,
das war ein sehr find'ger Erfinder.
Der Mann erfand
das Draht-Schuhband
und den Elektro-Schleifenbinder.

Ein junger Mann aus Radolfzell
sprach: »Mutter, ich werd' Flieger. Gell?«
Die Frau sprach: »Na, gut.
Doch sei auf der Hut!
Flieg nie zu hoch und nie zu schnell!«

Der Braut schrieb ihr Freier aus Kehl
(und ging dabei rechtschreiblich fehl):
»Ich kann ohne Prahlen
ganz wunderbar malen.«
Er mahlte Getreide zu Mehl!

Es fragte ein Lehrer aus Lehe:
»Sag, Frau, brachst du kürzlich die Ehe?«
Vom Kanapee
rief sie: »Ach, geh!
Ich tat's nicht, so wahr ich hier stehe.«

Es protzte ein Fettsack aus Mehrum:
»Ich renne einmal um den See rum.«
Nach kurzem Laufen
tat er dann schnaufen:
»Ich renne nicht mehr, nein, ich geh' rum.«

Zum Sohn sprach ein Vater aus Nauen:
»Nu komm schon, ick will dir nich hauen!«
»Nee«, rief Klein Walter,
»Ich komm nich, Alter!
Ick weeß doch, dir kann man nich trauen.«

Ein Omnibusfahrer aus Düren,
der hatte kuriose Allüren.
Gaben im Bus
ihm Girls 'nen Kuss,
so fuhr er sie ohne Gebühren.

Es rügte ein Mann aus Verden
sehr oft die Sünden auf Erden.
Er tat's im Vertrauen,
zumal von den Frauen
nicht ernst genommen zu werden.

Es haute ein Jüngling aus Herne
auf Trommeln und Pauken sehr gerne.
Doch schlug dieser Drummer
das Fell mit 'nem Hammer
und sprach, dass er eben noch lerne.

Es lebte einst in Oldenburg
ein Herr mit Namen Goldenburg.
Er bracht' seiner Holden
oft Pflanzen mit Dolden;
ihr Haus war längst 'ne Doldenburg.

Ein Kaufmann aus der Emsstadt Haren
pries stets als Schnäppchen seine Waren.
Praktisch verhieß
er Käufern dies:
Durch Geldausgeben kann man sparen.

Es sprach ein Mann aus West-Rhauderfehn:
»Ich kann kein Fernsehballett mehr sehn.«
Da hat sein Freund
besorgt gemeint:
»Du solltest schnell zum Augenarzt gehn!«

Im Wirtshaus sprach ein Schelm aus Schachen:
»Ich habe wahrlich nichts zu lachen.
Ich trink' ungern Bier,
doch mein Arzt riet mir,
ich solle eine Kneipkur machen.«

Jüngst tat eine Mutter aus Elten
den zehnjähr'gen Sohn zornig schelten.
»Das muss doch nicht sein!
Was fällt dir nur ein,
in unserer Küche zu zelten!«

Es wechselte ein Maat aus Emden
zweimal im Jahre seine Hemden.
Der Kapitän
fand das mondän.
Ihn tat so viel Reinheit befremden.

Es fuhr ein General aus Hagen
ans Meer in einem Panzerwagen.
Er sprach gewitzt:
»Solch Tank nur schützt
im Stoßverkehr an Urlaubstagen.«

Es sagte ein Rentner aus Leer:
»Ich war vier Jahrzehnte und mehr
ein vorzüglicher Koch.«
Eins verschwieg er jedoch:
Er kochte beim Straßenbau Teer.

Es lebte ein Knauser in Grone,
der hielt mächtig haus mit dem Lohne.
Er sah auch nur
nach andrer Uhr,
damit er die eigene schone.

Es pflegte ein Knabe aus Lenzen
im Schulhaus durch Fehlen zu glänzen.
Obendrein sprach der Wicht:
»Macht die Schule doch dicht,
dann werd' ich sie niemals mehr schwänzen!«

Es war eine Maid aus Westerland
auf Sylt ganz und gar nicht unbekannt.
Sie ähnelte sehr
'nem Schiff auf dem Meer.
Das heißt, sie war niemals unbemannt.

Die hübsche Grit aus Overath
ging neulich in ein Hallenbad.
Sie schwamm ungerügt
»oben ohne« vergnügt.
Nun ja, sie war fünf Jahre grad'.

Einst schrie ein Nichtschwimmer aus Mayen
im Urlaub beim Baden im Freien:
»Ich hab' keinen Grund!«
Sein Weib rief: »Na und?
Ohne Grund brauchst du nicht zu schreien!«

Es aß eine Oma aus Stade
für ihr Leben gern Schokolade.
Dabei verschliss
sie ihr Gebiss.
Ihr Zahnarzt fand das gar nicht schade.

Ein Spediteur aus Erlenmoos
besaß zwei Lastkraftwagen bloß.
Er hat sie versoffen
und prahlte noch offen:
»Jetzt bin ich meine Laster los.«

Ein Senior aus der Kreisstadt Plön
tat oft durch den Feldstecher sehn.
So blickte er weiter,
das stimmte ihn heiter.
Er fand nur *solch* Fernsehen schön.

Es machte 'nem Bauherrn aus Rain
die Abfuhr des Erdaushubs Pein.
Sein Weib sprach jedoch:
»Schipp einfach ein Loch
und schütte die Erde hinein!«

In Wien wohnte nahe beim Prater
ein ältlicher Steuerberater.
Er sah oft und gern
bei Sportschauen fern
trotz stets folgendem Muskelkater.

Es sprach ein Ehemann aus Bern:
»Ich hab' das Fernsehen nicht gern.
Eine Ausnahme da
ist die Schwiegermama.
Sie sehe ich gern möglichst fern.«

Ein Eidgenosse aus Sankt Gallen,
der badete stets nur in Hallen.
Nie stürzte er
sich in das Meer.
Er hatte solche Angst vor Quallen.

Jüngst kam ein Hüne aus Lazise
beim Briefeinwurf in eine Krise.
Die Hand – kein Witz –
stak fest im Schlitz.
Ein Schlosser erst befreite diese.

Insel-Gedichte

Ein Rentner von der Hallig Gröde
brach dem Eiland die Treue schnöde.
Achtzig Jahr' war er dort,
aber dann zog er fort.
Es war ihm da plötzlich zu öde.

Ein Maat von der Insel Fehmarn,
der wollte nicht mehr zur See fahrn.
Er lernte drum
geschwinde um.
Jetzt spinnt er in Kneipen Seegarn.

Zur Wirtin auf der Insel Poel
sprach ein Logiergast aus Waldbröl:
»Ich trink' in der Frühe
mit Vorliebe Brühe,
die geht mir herunter wie Öl.«

Es sprach ein Angler auf Rügen
zur Freundin beim Tanzvergnügen:
»Ich fing schon mal
'nen Zentneraal,
so wahr wir Angler nie lügen.«

Es sprach ein Girl aus Usedom
zum Freund: »Ich mag Geschmuse, Tom.
Drum sei ein Mann,
geh endlich ran
und öffne mir die Bluse, Tom!«

Ein Mann zog von Aurich nach Island.
Dies Eiland war sein Paradiesland.
Er mocht' Schnee und Eis
und liebte das Weiß
halt mehr als das Grün von Ostfriesland.

Ein Eskimo auf Grönland
sein Zimmer nicht sehr schön fand.
Dort brachte er dann
ein Pin-up-Girl an,
was seine Frau obszön fand.

Es sah ein Badegast auf Mallorca
Qualm auf der Nachbarinsel Menorca.
Er dachte sofort,
der Wald brenne dort.
Dabei rauchte nur jemand Machorka.

Ein Vogelfreund auf Ibiza
sah nie 'nen echten Kiebitz da.
Er fand gemein,
dass er allein
beim Skatspiel manchen Kiebitz sah.

'ne Donna auf Sardinien
bewunderte die Pinien.
Sie dachte sich:
Ach, hätte ich
doch auch so schlanke Linien!

Ein Ziegenhirte auf Sizilien
besaß herzlich wenig Textilien.
Er hatte nur
eine Montur.
Drum mieden ihn reiche Familien.

Ein Depp flog im Urlaub nach Zypern,
er kam aus dem belgischen Ypern.
Doch kaum auf der Insel,
verließ sie der Pinsel.
Er hörte, auf Zypern gäb's Vipern.

Nachts hauchte ein Jüngling auf Kreta:
»Ich liebe nur dich, liebste Greta.«
Sie fauchte: »Ich hass' dich!
Du Schuft, ich verlass' dich!«
Die Wütende hieß schließlich Meta.

Ein Bauer auf Gran Canaria
erklärte: »Ich bin kein Paria.
Ich hab' nah am Strand
ein kleines Stück Land,
und niemals plagt mich Malaria.«

Ein Schlaks von der Insel Aruba
blies dort im Orchester die Tuba.
Bald stöhnte er:
»Sie ist zu schwer!«
Jetzt spielt der Boy Flöte auf Kuba.

Ein Krösus weilte auf Ha-iti
und maulte: »Es ist alles Schiet hie.
Ich irrte mich sehr.
ich wollt' nicht hierher,
ich wollte vielmehr nach Tahiti.«

Übersee-Gedichte

Ein Mister aus Nevada
flog kürzlich nach Granada.
Er flennte kläglich,
weil er tagtäglich
brutale Stierkämpf' sah da.

Ein Schwadroneur aus Massachusetts
erklärte, dass ihm Reiten zusetz'.
Ein Pferderitt
nähm' halt mehr mit,
als wenn man sich auf eine Kuh setz'.

Ein Yankee aus Montana,
der wohnte an der Bahn nah.
Durch ihr Geratter
wurd' er stets matter.
Bald war er gar dem Wahn nah.

Ein Twen aus Oklahoma
besuchte seine Oma.
Sie tranken Wein

bei Kerzenschein
und sangen »La Paloma«.

Ein Stenz aus Minnesota
litt unlängst große Not da.
Er wollte segeln
nach allen Regeln,
jedoch es war kein Boot da.

Frau Fudschi San aus Yokohama
erlebte jeden Tag ein Drama:
Ihr Jagdhund spie.
Doch sah sie nie:
Das Tier war in Wahrheit ein Lama.

Die schöne Lin Yüang aus Nanking
im Sportzeug die Straße entlangging.
Ihr einz'ges Kleid
war viel zu weit,
sodass es nur immer im Schrank hing.

Brevierchen
über Tierchen

Geschüttelte Tierchen

Ein Tierfreund wird nie Raben schütteln,
er wird wohl auch nie Schaben rütteln.

Ein Schabengreis den Schaben riet:
»Lauft bitte nie durch Rabenschiet!«

Durchs freie Meer gern Wale eilen,
im Schlamme lieber Aale weilen.

Oft überspringen Lachse Dämmchen,
doch nie verspeisen Dachse Lämmchen.

Im Schlafen ist das Faultier Meister,
durch Hafer wird ein Maultier feister.

Wenn Füchse nahen, rennen Hasen,
wie dann ja auch die Hennen rasen.

Durchs Weltmeer große Hummer brausen,
im Kuhstall fette Brummer hausen.

Ein Schlaukopf wird nie Fliegen züchten,
auch wird er nie vor Ziegen flüchten.

Kein Kenner nennt die Fliege Zugtier,
er nennt auch kaum die Ziege Flugtier.

Der Braunbär ist bekannt als Lachsdieb,
doch wäre ihm wohl auch ein Dachs lieb.

Man weiß, dass jedes Spätzchen keck ist
und dass ein jedes Kätzchen Speck isst.

Wenn großen Hunger Katzen spüren,
zur Nahrung sie auch Spatzen küren.

Beim Kriechen haben Schnecken Zeit,
beim Bohren zeigen Zecken Schneid.

Die Bäume sind der Spechte Hort,
das Jagen ist der Hechte Sport.

Noch nie verschlangen Spechte Häschen,
und niemals machen Hechte Späßchen.

Wenn Firlefanz die Läuse machen,
dann müssen selbst die Mäuse lachen.

Von Löwen und Möwen beziehungsweise Von Möwen und Löwen

Wir Menschen mögen Möwen leiden,
indes wir tunlichst Löwen meiden.

Ein feiner Mensch schätzt Möwenlist
gewisslich mehr als Löwenmist.

Wenn sich am Meere Löwen mehrten,
das Fürchten sie die Möwen lehrten.

So sechs bis sieben Möwen lägen
bestimmt nicht schwer in Löwenmägen.

Im Notfall fressen Löwen Mäuse,
und notfalls essen Möwen Läuse.

Vermutlich denkt die Löwenmeute
bei Jagdwild nicht an Möwen, Leute.

Gereizt im Zoo die Löwen mucksen,
wenn dreist nach ihnen Möwen luchsen.

Als durch den Tierpark Möwen liefen,
vermeinten sie, dass Löwen miefen.

Die Forschung muss den Möwen lassen:
Sie lagern nie in Löwenmassen.

Im Farbton ähneln Löwen Messing,
nicht aber ähneln Möwen Lessing.

Es gibt so manche Möwenlieder,
doch gibt es keine Löwenmieder.

Wenn Flugversuche Löwen machen,
dann müssen schrill die Möwen lachen.

Fisch-Gedichte

In Bächlein helle
lebt manche schnelle
Bachforelle.
Gelle?

Ein junges Fischlein
will frei und frisch sein.
Im Wasser schwimmt's,
und draus entnimmt's
kein Tierfreund. – Stimmt's?

Eine Scholl'
fraß sich voll,
dass sie schwoll
wie 'ne Knoll'.
Das ist toll,
woll?

Ein Fisch, ein kugelrunder,
traf einstmals eine Flunder.
Die Flunder rief: »Welch Wunder,
dass jemand solche Ballform hat!
Herrjemine, da bin ich platt!«

Vorzeiten eine Buttfrau wollte,
dass sie ein Buttmann lieben sollte;
doch der ging ihr nicht in die Maschen,
und das wird niemand überraschen.
Frau Butt war nämlich ungewaschen.

Einst sprach ein Barsch zu einem Aal:
»Du langes Biest, du kannst mich mal ...!«
Da sprach der Aal: »Entschwimme, marsch!
Du bist fürwahr ein Barsch und barsch.«

Ein Fisch mit mäßigem Gewicht
beschloss sein Sein als Fischgericht. –
Das ist ein tristes Fischgedicht,
nicht?

Spezifisches Gedicht

Ein Fisch verstieg sich, zu behaupten,
er sei ein Goldfisch. Doch das glaubten
ihm seine Spezi-Fische nicht
und brachten ihn vors Fisch-Gericht.

Durch sein spezifisches Gewicht
von ganz genau elf Komma drei
ergab sich dann auch einwandfrei:
Der Fisch war nur ein simpler Blei.

Naturgesetz

Mücken, Wanzen, Läuse, Zecken
wollen uns nicht etwa necken,
saugen Blut nicht zum Pläsiere.
Nein, sie sind halt Säugetiere!

Klarer Fall

Es lebte ein Hündchen in Bern,
das sah für sein Leben gern fern.
Da ist wohl jedem Menschen klar,
dass jener Hund ein Sehhund war.

Tatenruhm

Ein eitler weißer Zwergspitz fuhr
im Urlaub an die See zur Kur.
Beim Wandern an des Meeres Rand
kam er an eine Felsenwand.

Schwupp, hob der Spitz ein Hinterbein
und ätzte pinkelnd das Gestein.
Nachdem er dies Geschäft erledigt,
dacht' er: Nun hab' ich mich verewigt.

Der Mensch muss dies als Torheit geißeln;
denn unvergänglich wird man nur
durch Kritzeln, Schnitzen und durch Meißeln
an jedem Ding auf weiter Flur.

Spinnerei

Spinne um eins
bringt Glück oder auch keins.

Spinne um zwei
macht nie ein Geschrei.

Spinne um drei
ist so stumm wie um zwei.

Spinne um vier
ist ein harmloses Tier.

Spinne um fünf
reimt sich nicht tig-vernünf.

Spinne um sechs
ist kein hübsches Gewächs.

Spinne um sieben
wenige lieben.

Spinne um acht
gewisslich nie lacht.

Spinne um neun
wird selten erfreun.

Spinne um zehn
mag kaum einer sehn.

Spinne um elf
erscheint noch vor zwölf.

Spinne um zwölf
erscheint erst nach elf.

Tiere beim Wort genommen

Der Bockkäfer bockt,
die Stockente stockt.
Die Kornweihe weiht,
der Schreitvogel schreit.
Die Rauchschwalbe raucht,
das Schlauchwürmchen schlaucht.
Der Sensenfisch senst,
das Rotschwänzchen schwänzt.
Die Schmeißfliege schmeißt,
der Reiskäfer reist.
Die Taufliege taut,
der Hautflügler haut.

Der Röhrenwurm röhrt,
der Löffelstör stört.
Der Sturmvogel stürmt,
der Turmfalke türmt.
Der Aasgeier aast,
die Grasmücke grast.
Die Scheinkröte scheint,
die Weindrossel weint.
Das Haustier haust,
die Spitzmaus maust.
Der Zierfisch ziert,
der Kampfstier stiert.
Der Keiler keilt,
der Heilbutt heilt.
Der Boxer boxt,
der Ochse ochst.
Der Bello bellt,
der Schellfisch schellt.
Der Mandrill drillt,
die Grille grillt.
Das Faultier fault,
das Maultier mault.
Die Unke unkt,
das Jungtier jungt.
Die Schleiche schleicht,
das Eichhorn eicht,
das Weichtier weicht. –
Ich glaub', das reicht.

Bremse für Bremsen

Die Rinderbremse sprach zur Kuh:
»O weh, was muss ich sehen?
Du nimmst tagtäglich etwas zu,
so darf's nicht weitergehen!

Denn, schau, ein Säfteüberfluss
raubt dir nicht nur die Schlankheit,
nein, jeder Kraftüberschuss
zeugt auch von schwerer Krankheit.

Doch sei getrost! Ich saug' dein Blut
zwecks Bessrung deines Zustands.«
Die Kuh sprach: »Welch ein Edelmut!«
Dann schlug sie mit dem Kuhschwanz.

Die Bremse ging zur ew'gen Ruh ...
Weshalb war auch so blind sie?
Es ist nun mal nicht jede Kuh
ein hirnverbranntes Rindvieh.

Herdenbetrieb

Zwei Ziegen wurden arbeitslos.
Sie fragten sich: Was tun wir bloß?
Weil beiderlei Geschlecht dabei,
entschieden sich sehr rasch die zwei.
Sie gründeten 'ne Ziegelei.

Dünkel

Der Terrier Purzel nässte mal
ein Tännlein mit gezieltem Strahl.
Er hält seither, man glaubt es kaum,
den Baum für einen Purzelbaum.

Listig, listig

Ein Wolf kam kürzlich nach Amrum
und lief dort auf einem Damm rum.
Zur Täuschung fraß
er frisches Gras
und blökte auch wie ein Lamm rum.

Unbeschwert

Ein Känguru aus Westaustralien
trug nie im Beutel Kapitalien.
Doch war's guter Dinge
und tat große Sprünge.
Ihm deuchten Moneten Lappalien.

Verspielte
Verse

Doppelt hallt besser

Snobs wollen keinen Graben graben,
jedoch ein großes Haben haben.

So gern ich leckre Speise speise,
so ungern ich die Preise preise.

Die Leute, die seit Tagen tagen,
die wird man bald auf Tragen tragen.

Mitunter muss man Stützen stützen
und manchmal auch die Schützen schützen.

Athleten schnelle Rennen rennen,
Pennäler oft in Pennen pennen.

Lasst Babys nicht auf Liegen liegen,
man sollte sie in Wiegen wiegen!

Man kann mit dicken Backen backen,
doch kaum sich in die Hacken hacken.

Beim Flug der Vögel Schwingen schwingen,
beim Fechtduell die Klingen klingen.

Aufs Ohr sich die Kollegen legen.
Wer wird sich auch bei Regen regen?!

Nur Flüss'ges kann durch Rinnen rinnen.
Doch glaubt nicht, dass nur Spinnen spinnen!

Nicht nur die Kerls in Leiden leiden,
wenn sie die hübschen Maiden meiden.

Man kann in Sigmaringen ringen
und fraglos auch in Singen singen.

Ich will kein loses Treiben treiben
und niemals dumme Schreiben schreiben.

Nachhall-tige Verse

Die Starterin zum Start starrt,
wo schon der Leonhard harrt.

Käm' in den Park ein Heer her,
gäb's da kein Blumenmeer mehr.

Mensch, auch wenn du die Hast hasst,
mach niemals im Morast Rast!

Wer gerne in den Wald wallt,
liebt dort den Aufenthalt halt.

Ach, bitte, Annelies, lies
mal übers Paradies dies!

Nie schwätzt ein Moralist List,
oft schwätzt ein Pessimist Mist.

Lass doch den Kakadu, du!
Gönn auch dem Känguru Ruh'!

Sie haben Phantasie, Sie!
Und doch reicht's zum Genie nie.

Ein Wunder, das doch wahr war:
Horst zahlte in der Bar bar.

Der Knabe sich das Schuhband band,
als er an einem Schuhstand stand.

Weil Hugo auf das Stoppschild schilt,
wird sicher noch das Rotwild wild.

Trotz Regen, der aufs Spielfeld fällt –
der Torwart, dieser Volksheld, hält!

»Wie geht es denn Martina, Tina?«
»Sie hat zur Zeit Angina, Gina.«

Das Beste stets ein Egoist isst,
wobei er's noch in kurzer Frist frisst.

Vernehmt zum Schluss: Ein dunkler Trieb trieb
mich dazu, dass ich diesen Schrieb schrieb.

Dialektisches

Een jewöhnlicha Berlina
saacht nich »Hühner«, sondan »Hühna«,
saacht nich »Kater«, sondan »Kata«
und nich »Vater«, sondan »Vata«.

Ein gebüldeter Berliner
sagt nicht »Tina«, sondern »Tiner«,
sagt nicht »Lama«, sondern »Lamer«,
und das ist fürwahr ein Dramer.

Britische Geschichte

Nach London zog Herr Ebel
und schraubte, als kein Nebel,
an seine Haustür sehr gewandt
ein Schild, auf welchem EBEL stand.
Prompt wurde IBEL er genannt.

Am Eingang brachte drauf der Mann
das Namensschildchen IBEL an.
Da rief das Volk ihn AIBEL,
und er rief »Hol's der Deibel!«
und schrieb aufs Türschild AIBEL.

Als man den Mann nun EBEL rief,
da reute ihn sein Umzug tief.

Begreiflich ist des Ärmsten Zorn,
denn jetzt begann das Spiel von vorn.

Keine falschen Schlüsse!

Nicht immer ist der Willi willig,
nicht immer ist der Billy billig,
nicht immer ist die Nichte nichtig,
und selten nur sind Wichte wichtig.

Die Familienbande

Verwandtschaft muss nicht dumm sein,
Verwandtschaft muss nicht krumm sein,
Verwandtschaft kann auch nett sein.
Ein Vetter muss nicht fett sein!

Erstaunlich

Ein Knabe aß mal einen Bon.
Er brauchte dazu ziemlich long,
obwohl das, was er aß – ist's klar? –
ja nur ein halber Bonbon war.

Erklärlich

Ein braver Bürger weinte mal.
Der Grund dafür war sehr banal:
Er saß in einem Weinlokal.

Wertkunde

Im Kreise geldbesessner Männer
sprach kürzlich ein Italienkenner.
Doch wie er auch die Stimme hob,
er sang umsonst Italiens Lob.
Die Jobber nörgelten: »Lappalien!«
und dachten nur an *Kap*italien.

Ein Autotor

Neulich fragte ich Herrn Kort:
»Na, mein Freund, wie steht es:
Fahren Sie im Urlaub fort?»
»Ford?«, schrie Kort. »Mercedes!«

Unzertrennlich

Du sagtest oft, man könnt' uns trennen.
Jetzt hab' ich diesen Unsinn satt!
Man wird uns niemals trennen können,
weil uns – nur eine Silbe hat.

Armer Mann

Es war einmal ein Gatte,
der hatte eine Platte.
Oh, wie der Mann es satt war,
dass – seine Frau so platt war!

Geschüttelte Deutsche

Es gibt wohl Mecklenburger Toren,
doch keine Tecklenburger Mohren.

Vor Selbstgefühl die Preußen strotzen,
wenn sie mit ihren Sträußen* protzen.

Rund um Berlin die Märker kauern.
Sand mögen sie, nicht Kerkermauern!

---

*   *bedeutet hier: Fehden.*

Als Kaffeefans die Sachsen wollen,
dass ihre Tassen wachsen sollen.

Herrscht mal beim Vieh der Friesen Räude,
so ist das keine Riesenfreude.

Der Trank der Rheinländer ist Wein,
Saft ihrer Weinländer ist rein.

Mit Schinken dich, Westfale, mäste!
Dann werden alle Mahle Feste.

Noch niemals liebten Harzer Ketten,
auch heut sie ungern Karzer hätten.

Nach Apfelwein die Hessen traben,
wenn sie auch mehr Int'ressen haben.

Oft kann man über Schwaben hören,
dass diese auf ihr Haben schwören.

Gern Frankenwein die Franken tanken,
aus Bocksbeuteln meist tanken Franken.

Viel Bier fließt, wenn die Bayern feiern,
und alle Tage feiern Bayern.

Geschüttelte Europäer

Sehr gerne treiben Finnen Sport,
und das wirkt, ohn' zu spinnen, fort.

Viel Rentiere die Lappen haben,
es sollen sie Renhappen laben.

Nach Worten manche Schweden ringen,
wenn sie schon einmal Reden schwingen.

Nach Heiterkeit die Dänen trachten,
kaum, dass sie je an Tränen dachten.

Wenn ihre Shagpfeif' Briten rauchen,
sie ganz bestimmte Riten brauchen.

Ein Unrecht mögen Iren nimmer,
's geht ihnen an die Nieren immer.

Mitunter halten Flamen Ziegen;
nichts halten sie von zahmen Fliegen.

Nie gibt es für die Schweizer Hitze,
dass keiner wie ein Heizer schwitze.

Bekanntlich sind die Esten Balten
und halten fest am besten Alten.

Am Ostseestrand die Letten wohnen,
worauf sich keine Wetten lohnen.

Es heißt, der Sinn der Polen kreise
im Winter um die Kohlenpreise.

Gern Pilsener die Tschechen zechen,
auch Bier aus Budweis zechen Tschechen.

Die Mädchen junger Serben wollen,
dass diese um sie werben sollen.

Was wohl mit Freuden Griechen riechen?
Gern Wein und Tabak riechen Griechen!

Begeistert essen Russen Bollen,
sogar wenn sie in Bussen rollen.

Büttelschrei oder vielmehr Schüttelbrei

»Wie geht es dir, du altes Haus?«
»Ach, danke sehr, ich halt' es aus.«

Von wahrhaft schweren Stunden weiß
ein Mensch mit einem wunden Steiß.

Lutz sprach: »Ich möcht' zwei Fässer Bier.
Ach, halt mal, halt! Wohl besser vier!«

Der Leuchtreklamen Neonlicht
verführt den klugen Leon nicht.

Max schafft sich mit der Hacke matt,
dieweil er eine Macke hat.

Verschämt sprach Ute: »Leider, Klaus,
ich habe eine Kleiderlaus!«

Es finden nicht nur Bonner dumm,
macht immerzu der Donner bum.

Es ist doch klar: Die Kölner müssen
nicht weniger als Möllner küssen.

Es kommt schon vor, dass Celler prahlen.
Doch nie geschieht's, dass Preller zahlen.

Glaubt nicht, dass Peiner immer rennen
und dass die Rheiner immer pennen!

Es gibt wohl keine bangen Schlangen,
daher muss man vor Schlangen bangen.

In einem Raum, wo Wanzen tollen,
wird niemand gerne tanzen wollen.

Uns wurmt's, wenn hinter Ladenmauern
in Lebensmitteln Maden lauern.

Nur ahnungslose Lackel denken,
sie könnten einen Dackel lenken.

Schön ist das Schütteln und das Rütteln,
drum hoch das Rütteln und das Schütteln!

Dein Gewicht oder vielmehr Wein-Gedicht

Jüngst sah ich auf der Leinwand
ein wunderschönes Weinland,
wo an so mancher Steinwand
ein wahrhaft edler Wein stand.

Dann, weil ich gut zu Bein war,
ging ich in eine Weinbar.
Hei, hier war nicht der Wein rar!
Gut war auch, dass er rein war.

Der Ober goss den Wein ein,
als wollte er was einweihn.
Er sagte, es sei Saarwein,
und das mocht' sicher wahr sein.

Doch war's zugleich auch Reinwein;
denn, ach, wie war der Wein rein!
O ja, wie war der Wein klar!
Pech, dass das Glas so klein war!

Ein Glas, groß wie ein Weinfass,
das wäre wirklich fein, was?
Zwar müsst' man dann schwer heben,
doch würd' man nachher schweben.

Bemerkungen über Villen

Ich kenn' ein Haus mit prächt'gem Tor,
ein feiner Herr steht oft davor.
Er ist mit Fug ein Vorstehherr,
genauer noch: ein Torstehherr.

Ich kenn' ein Haus, das separat
im Walde steht an schmalem Pfad.
Es liefert dennoch den Beleg:
Wo eine Villa ist, ist auch ein Weg.

Ich kenn' ein Haus auch in der Stadt,
das kiesbelegte Wege hat.
Ganz einwandfrei beweist uns dies:
Wer eine Villa hat, hat meist auch Kies.

Zu guter Letzt sei nicht verhehlt,
dass es mir selbst an Villen fehlt.

Weibes Klage

Ich arme Irre ...
Ich Arme irre durch die Gassen,
die runde Brust ...
die wunde Brust von Gram verzehrt.
Ich kann und kann es noch nicht fassen,
dass – hier kein Omnibus verkehrt.

Echo-Gedicht

(auch singbar nach der Melodie
»Horch, was kommt von draußen rein«)

Mein Cousin hat keinen Klaps,
einen Klaps, einen Klaps.
Nein, nicht Benno heißt der Taps,
Enno heißt der Taps.
Dieser Depp belehrt mich sehr,
ehrt mich sehr, ehrt mich sehr,
doch er tadelt mich noch mehr,
adelt mich noch mehr.

Enno ist ein Christ, nicht wahr?
Ist nicht wahr, ist nicht wahr!
Er betreut mich immerdar,
reut mich immerdar.
Das hat einen schlichten Grund,
lichten Grund, lichten Grund:
Für sich werben will der Spund,
erben will der Spund.

Enno hat 'ne flinke Frau,
linke Frau, linke Frau,
sie verwünscht stets Schmutz im Bau,
wünscht stets Schmutz im Bau.
Diese Deern schafft Wohnkultur,
ohn' Kultur, ohn' Kultur
und verachtet Katen nur,
achtet Katen nur.

Ev heißt dieses tolle Weib,
olle Weib, olle Weib,
ziemlich schmächtig ist ihr Leib,
mächtig ist ihr Leib.
Ev hält von sich Schlechtes fern,
Echtes fern, Echtes fern,
und die Frohheit hat sie gern,
Rohheit hat sie gern.

Wisst auch: Diese Friesenmaid,
Riesenmaid, Riesenmaid,
frönt der Staatenlosigkeit,
Tatenlosigkeit.
Und sie redet nimmer Mist,
immer Mist, immer Mist,
weil sie fein gebildet ist,
eingebildet ist.

Mich drängt's jetzt, im Haus zu ruhn,
auszuruhn, auszuruhn.
Selbstverständlich schweig' ich nun,
endlich schweig' ich nun.
Dies Gedicht wirkt sowieso.
O wieso, o wieso?
Nun, es hat halt viel Niveau.
I wo, i wo, i wo.

Die liebe
Liebe

Die Schönheitskur

Es war mal eine junge Maid,
die wurmte ihre Hässlichkeit.
Sie kriegte keinen Mann und schwur:
Jetzt mach' ich eine Schönheitskur!

Die Prozedur begann beim Kopf.
Zu kurz und schütter war der Schopf;
jedoch für Bessrung sorgte hier
»Skalpin«, das Haarwuchs-Elixier.

Der Wuchs des Kopfhaars war nun schön,
nur wirkte noch sein Rot obszön.
Doch ehe man es noch gedacht,
war blond gefärbt die Lockenpracht.

Die Augenbrauen waren bald
hübsch ausrasiert und angemalt.
Bald wirkten auch die Wimpern nett
dank einem Wimpernwachstumsfett.

Der Damenbart war kein Problem,
er schwand im Nu durch »Haar-ex-Krem«.
Die Sommersprossen waren schnell
verdeckt durch »Edelweiß-Pastell«.

Die Blässe, welche so entstand,
wurd' kurzerhand durch Rouge gebannt.
Die Lippen schienen wie verjüngt,
nachdem sie leuchtend rot geschminkt.

Nach alledem war das Gesicht
schön wie ein lyrisches Gedicht.
Jetzt fehlte jenem Fräulein nur
noch die entsprechende Figur.

Die Evastochter war zu fett,
sie sprengte fast ihr Korselett;
jedoch verschafften »Zack-Dragées«
ihr rasch die Schlankheit eines Rehs.

Nun war die Dame noch zu klein,
sie nahm ein Wachstumsmittel ein
und wurde wirklich mühelos
rund einen Meter siebzig groß.

Der Busen, einstmals klein und schlaff,
wurd' durch Hormone prall und straff.
Er kriegte Formen, die man an
antiken Büsten sehen kann.

Vollendet war nun die Figur,
beendet war die Schönheitskur.
Heut ist die einst nicht hübsche Maid
die schönste Dame weit und breit.

Die Männer sind von ihr betört
und streiten sich, wem sie gehört.
Sie scheuen weder Geld noch Zeit,
um zu erringen jene Maid.

Ach, geben wir der Wahrheit Raum:
Der Kur-Erfolg war nur ein Traum.
Wenn's auch Reklame kühn verspricht,
synthet'sche Schönheit gibt es nicht!

Erkenntnis

'ne Vettel suchte einen Mann.
Doch nützte kein geheimes Flehen,
kein Schöntun und kein Leibverdrehen –
es sah kein Mann die Schrulle an.
Oh, dachte sie da nüchtern,
wie sind die Männer schüchtern.

Tatsache

Es schwor 'ne Maid bei ihrer Treu',
dass ihr Galan ein Forscher sei.
Sie hatte recht; denn jener Mann
ging wirklich forsch an Mädchen ran.

Matrosenliebe

Ein Seemann lebte wie ein Schotte,
er knauserte am eignen Leib.
Er brauchte Zaster für die Flotte.
Na klar, die Flotte – war ein Weib.

Gekränkte Unschuld

Der Jüngling Hans hat sich verlobt
mit Fräulein Inge Bieder.
Freund Franz erfährt davon und tobt:
»Lös dich von Inge wieder!
Sie ist zwar hübsch wie eine Fee
und auch mit Geist begnadet,
doch hat sie schamlos in der Spree
mit Egon nackt gebadet.«

Da spricht zu seiner Braut der Hans:
»Was sind denn das für Sachen?«
Doch Inge weint: »Solch Schuft, der Franz,
mich derart schlecht zu machen!
O Schatz, du tust mir bitter weh,
glaubst du an das Geschwafel.
Ich nackt mit Egon in der Spree?
Das war doch in der Havel!«

Das Geheimnis

In einer Nachtbar, mäßig hell
und namens »Grotta bella«,
da tanzte Fräulein Isabell
Quickstepp und Tarantella.

Sie konnte voller Grazie
sich in den Hüften wiegen
und ähnlich der Akazie
den schlanken Leib verbiegen.

Dies Gleichnis scheint auch deshalb klug,
weil Isabell beim Tanze
nur Blätter als »Bekleidung« trug
wie eine Laubholzpflanze.

Juchhei, das war ein Gaudium
für jeden Tanzeskenner.
Wie freute sich das Publikum,
rein zufällig nur Männer!

Doch später klagten alle Herrn,
dass dies ein altes Bild sei.
Sie sähen wechselhalber gern,
dass Isa unverhüllt sei.

Und klar! Wie sich zur Herbsteszeit
die Laubbäume entkleiden,
so sah man auch des Mädchens »Kleid«
nachts prompt zu Boden gleiten.

Allein, nur dünn war der Applaus,
und alle »Tanzeskenner«
verließen kurz darauf das Haus
und gähnten gar wie Penner.

Tja, meist stellt sich Ermüdung ein,
wenn Neugier erst gestillt ist.
Gewöhnlich wird nur spannend sein,
was uns noch nicht enthüllt ist.

Familienidyll

Ein Frauchen bekam zum Geburtstag Parfüm;
der Schenker des Fläschchens, der blieb anonym.
Da sprach des Weibes Tochter Kathi:
»Das Fläschchen ist bestimmt von Vati.«

Der Vati wurde weiß wie Kalk.
Er hatte nämlich nichts geschenkt
und dachte staunend: Dass dies Balg
von mir so was Verrücktes denkt!

Die Mutter verzog ihre Lippen gering
und dachte ergriffen: Du unschuld'ges Ding!
Wenn von dem Ollen das Parfüm ist,
dann glaub' ich, dass auch *du* von ihm bist.

Rätselhafte Frau

»Lass uns schlafen im molligen Bette!«,
sagte lockend die schwarzbraune Ruth,
und ich schlief wirklich ein an der Stätte,
denn mir war grad' zum Pennen zumut'.
Aber Ruth puffte mich in die Rippen,
und dann hat sie mit mir noch gegrollt.
Ach, ich werd' aus der Frau
seit der Zeit nicht mehr schlau.
Sie hat selbst doch nur schlafen gewollt!?

Das 10. Gebot

Du sollst nicht begehren deines Nächsten Weib ...
Was ist das?

Das ist für alle Männer eine Warnung,
nie einen Seitensprung zu machen.
Es zeigt sich nämlich, fällt die fromme Tarnung:
Des Nächsten Weib ist *auch* ein Drachen.

Merk-Gedicht

Ein Freier schrieb in einem Schriebchen
an eine Witwe, die sein Liebchen:
»Ich sag' Dir frei und mit Betonung:
Ich lieb' Dich nicht, nur Deine Wohnung.«

Die Frau verstieß den Mann und weinte,
und nie erfuhr sie, dass er meinte:
»Ich sag' Dir frei und mit Betonung:
Ich lieb' Dich, nicht nur Deine Wohnung.«

Merke:
Es ist ein Strich an falscher Stelle
nicht immer eine Bagatelle.

Wortgefecht

Zur Tilly sagte mal der Willy:
»Bei Ihrer Schönheit, liebe Tilly,
da wollen Sie doch nicht verhehlen,
dass es verteufelt schwierig wär',
all Ihre Flirts zu zählen?«

Zum Willy sprach darauf die Tilly:
»Das ist nicht richtig, lieber Willy!
Für *Sie* jedoch mag es nicht fehlen;
denn *Ihnen* fällt es sicher schwer,
auch nur bis drei zu zählen.«

Scharfer Schluss

Es hatte ein Gatte aus Hessen
der Gattin Geburtstag vergessen,
und die Ärmste weinte und klagte.
Der Mann aber staunte und sagte:
»Heut ist doch Mittwoch, und ich mein',
da kann nicht dein Geburtstag sein.
Du kamst, wie du mir jüngst erzählt,
doch eines Sonntags auf die Welt!«

Glück

Es war einmal ein Ehemann,
der lebte glücklich und in Frieden,
und das schon sieben Jahre lang. –
So lange war der schon geschieden.

Die lieben
Kindlein

Frühreife

Ruths Eltern gingen einstmals aus,
sie blieb mit ihrem Hans zu Haus.
Als Mutti nächtens heimgekehrt,
hat sie ihr Töchterlein verhört:
»Mein Kind, ich finde keinen Schlaf,
bevor ich weiß: Wart ihr auch brav?«

Ruth sagte. »Bitte, glaube mir!
Wir waren keusch. Ich schwör' es dir.«
Allein, kaum war ein Jahr vorbei,
erwies sich das als Schwindelei;
es war geradezu ein Hohn,
den Ruthchen kriegte einen Sohn.

Der größte Kummer dabei war:
Wie stellt man das Ruths Bruder dar?
Er war erst knapp vier Jahre alt,
zu jung für jenen Sachverhalt.
Man sann und sann und sprach dann: »Horch,
Ruth ward beschenkt vom Klapperstorch!«

Der Bruder sah den Säugling an,
entschied, da sei zu wenig dran,
und maulte deshalb schwer gekränkt:
»Ja, hätt' sie man der Hans beschenkt!
Der hätt' mit seiner Bärenkraft
mehr als ein schlapper Storch geschafft!«

Ein Fall für Paulchen

Ostersonntag. Paulchen Meier
findet in der Stube Eier,
und die Eltern jauchzen: »Aaah,
schau, der Osterhas' war da!«

»Stopp! Das scheint mir nicht geheuer«,
sagt dagegen Paulchen Meier.
Mit sechs Jahren ist er schon
Krimigucker aus Passion.

Also setzt er nun auch alles
an die Klärung dieses Falles,
und den Eltern teilt er fit
bald schon das Ergebnis mit.

»Kombiniere: Hasen pflegen
keine Eierchen zu legen.
Auch ein Eier*kauf* entfällt,
denn ein Hase hat kein Geld.

Raub kommt gleichfalls nicht in Frage;
denn es liegt doch klar zu Tage:
Diese vielen Gaben hier
schafft kein schwaches Hasentier.

Schließlich frag' ich mit Betonung:
Wie kam Häslein in die Wohnung?
Tür und Fenster sind versperrt,
alle Riegel unversehrt.

Und auf Treppen sowie Fluren
keine Spur von Hasenspuren!
Darauf gibt's nur einen Reim:
Täter stammt aus unserm Heim.

Und seht her! Hier auf der Farbe
fand ich Muttis Daumennarbe.
Diese hat sich abgedrückt,
als Mama dies Ei geschmückt.

Tja, ich rate ihr deswegen,
ein Geständnis abzulegen.« –
Da gab Mutti alles zu,
und Pauls Seele hatte Ruh'.

Schöne Bescherung

Drei Jahre alt war Krügers Jan,
da kam zu ihm der Weihnachtsmann
und fing wie üblich an zu fragen:
»Kannst du mir ein Gedicht aufsagen?«
»Ach«, sagte Jan dem bärt'gen Herrn,
»du siehst doch, ich seh' grade fern.«

Drauf wandte sich der Weihnachtsmann
an die fünf Jahre alte Ann:
»Mein Kind, so möcht' ich dich denn fragen:
Kannst du mir ein Gedicht vortragen?«

»Nein«, meinte Ann, »selbst kann ich keins;
ich spiel' dir von der Platte eins.«

Das wies der Weihnachtsmann zurück,
und dann versuchte er sein Glück
bei dem acht Jahre alten Hagen:
»Kannst du wohl ein Gedicht aufsagen?«
»Quatsch«, sprach der Bub, »ich bin kein Tor,
ich les' dir einfach eines vor.«

Der Weihnachtsmann rief: »Lass das ja!«
Dann fragte er die Barbara,
das Zwillingsschwesterlein von Hagen:
»Gell, du kannst ein Gedicht vortragen?«
Doch Nüsse kauend maulte Babs:
»Mit vollem Mund sprech' ich nicht, Paps.«

Da rief die Mutter voll Empörung:
»Schon vor des Gabensackes Leerung
folgt hier Bescherung auf Bescherung!«

Die richtigen Worte

Zum Wiegenfest des kleinen Kalle
erschien auch seine Tante Malle.
Sie schenkte ihm ein Erdbeertörtchen,
doch er verlor kein Dankeswörtchen.
»Was sagt man?«, schalt die Mutter Kalles.
Nun, Kalle sagte: »Ist das alles?«

Handy in richtigen Händen

Der siebenjähr'ge Andy[*]
besitzt bereits ein Handy.
Er nutzt es immer richtig;
denn was er sagt, ist wichtig.

Jüngst funkte er nach Hause:
»Hier ist jetzt große Pause.
Ich esse ein paar Cracker,
die schmecken wirklich lecker.«
Nach Schulschluss sprach er drahtlos:
»Ich fahr' jetzt mit dem Rad los.«

Und nach nur kurzer Pause
rief schnurlos er nach Hause:
»Ich fahr' noch schnell zu ALDI
und hole Fleisch für Waldi,
ein prima Hundefutter.
Der Preis ist auch in Butter.«

Ein paar Minuten später
rief er dann durch den Äther:
»Ich bin vor unserm Haus schon
und freu' mich auf den Schmaus schon;
denn heute, liebe Mutti,
gibt es ja Tuttifrutti.«

Man merkt, der junge Andy
ist ohne Zweifel trendy.

---

[*]   sprich: Ändy

Er mag wie Freundin Mandy*
kein Leben ohne Handy.

Zwei Knaben ...

Zwei Knaben haben einst versiert
ein Bleistiftbild vom Blatt radiert.
Begeistert brachten sie dies dann
im Zimmer als Radierung an.

Zwei Knaben trafen jüngst auf Schlick,
der war teils dünn und teils auch dick.
Da sagten sie mit frohem Sinn:
»Jetzt gehen wir durch dick und dünn.«

Zwei Knaben fanden mal ein Loch.
Da freuten sie sich aber doch!
Denn schließlich lag rund um das Loch
ein Goldring mit Brillanten noch.

Zwei Knaben machten sich 'nen Spaß
und legten sich ins grüne Gras.
Sie wollten ja ins blaue Gras!
Doch, bitte sehr, wo gibt's denn das?

---

*   *sprich: Mändy*

Zwei Knaben wollten mal nach Spanien,
um braun zu werden wie Kastanien.
Sie landeten jedoch im Harz
und wurden dort vor Ärger schwarz.

Zwei Knaben tauchten um die Wette,
es ging um eine Zigarette.
Es siegte glatt, das ist doch klar,
der Knabe, der kein Schwimmer war.

Zwei Knaben taten Pilze essen,
sie waren darauf ganz versessen;
doch zweifelhafte Stücke ließen
sie ihre Omama genießen.

Zwei Knaben blickten tags aufs Meer,
die Wogen gingen hin und her.
Da sprach der eine zum andern:
»Wie doch die Wellen wandern!«

Zwei Knaben blickten nachts zum Himmel
auf der Gestirne groß Gewimmel.
Da sprach der andre zum einen:
»Wie doch die Sterne scheinen!«

Bittre Pillen

Kleiner Knigge

Der Mensch hat nichts so eigen,
so wohl steht ihm nichts an,
als dass er Piepmatz zeigen
und »Ochse!« brüllen kann.

Man wird dich lieb gewinnen,
wenn du das nie vergisst,
beweist doch solch Beginnen,
dass du ein Tierfreund bist.

Taurig, aber wahr

Wer seinen Kindern gibt das Brot
in Zeiten allgemeiner Not,
der ist a) Bäcker, b) bald tot.

Leider

Hab Öl in der Stimme,
hab Pilze am Fuß,
hab Schmalz in den Ohren,
im Bizeps hab Mus!
Hab Stärke im Herzen,

hab Grütze im Kopf –
das alles nützt gar nichts,
hast nichts du im Topf!

Stoßseufzer im Urlaub

Die See ist alles, was ich seh',
kein Fernsehkasten in der Näh'!
Ach, ohne Fernsehn gibt es keine Freude!
Nur wer die Sehsucht kennt, weiß, was ich leide!

Sorge im Urlaub

Geh' ich am Strande so für mich hin,
geht mir das Fernsehn nicht aus dem Sinn.
Ich glaub' fast, dass ich sehkrank bin.

Tücke

Ach, der Menschen faustisch Suchen
endet oftmals fürchterlich.
Mancher greift zum Pflaumenkuchen
und kriegt einen Bienenstich.
(Denn auf frischem Pflaumenkuchen
sammeln häufig Bienen sich.)

Bildungslücke

Wer Roggenbrot mit Fett nie aß,
der ist fürwahr ein armes Küken.
Wer trocken Brot im Bett nie aß,
der weiß nicht, wie die Krümel piken.

Ehrlich währt am längsten

Dass Ehrlichsein am längsten währt,
steht fest wie eine Säule.
Ein Schuft sein Gut sehr schnell vermehrt,
ein Schufter kaum mit Weile.

Missgeschick

Jüngst besucht' ich meine Base.
Ach, sie schien nicht recht auf Deck,
denn sie rümpfte oft die Nase
und trat wimmernd auf dem Fleck.

»Liebe Base«, sprach ich schließlich,
»sag', was raubt dir deine Ruh'?«
»Durchfall!«, maulte sie verdrießlich,
»oh, setzt mir der Durchfall zu!«

»Schuld ist wohl verdorbnes Essen?«,
forschte ich in sanftem Ton.
Die Cousine sprach indessen:
»Nein, die Prüfungskommission!«

Ein Literat als Soldat

Ein Dichter kommt zum Militär
und lässt auch dort das Schwärmen nicht.
Er glaubt, dass alles leidlich wär',
säh' man es nur im rechten Licht.

Die erste Woche ist vorbei,
sie war extrem unangenehm.
Doch nun ist Sonntag. Ei, juchhei,
da macht der Dichter sich's bequem.

Er sieht durch ein Kasernenfenster
die Landschaft, die fast märchenschön;
und voll Zufriedenheit ergänzt er,
dass selbst die Vorgesetzten »gehn«.

Zwar stimmt, dass sie die Landser schleifen
nicht nur auf dem Kasernenhof;
doch kann man wohl den Zweck begreifen
als Dichter und als Philosoph.

Da heut zudem kein Schrei ertönt,
ein Fink nur muntre Lieder schlägt,
ist der Poet erst recht versöhnt,
was sich in Träumen niederschlägt.

Die Wolken hoch am Himmelszelt
verschmähen jede starre Norm.
Der Dichter sieht die Wolkenwelt
als Traumflor ohne Uniform.

Jetzt lenkt er seine Blicke tiefer.
Vor neuer Freude schwillt sein Herz.
»Lass dich umarmen, hehre Kiefer,
dein Anblick lindert jeden Schmerz!«

Dann blickt er vollends auf die Erde,
und justament da fällt ihm ein:
»Dass unsre Welt ein Sonntag werde,
will ich ihr eine Hymne weihn!«

Dies ist des Dichters frommer Wille;
schon zückt er Schreibpapier und Blei ...

Da knallt es plötzlich in die Stille:
»Wo jibt's denn so watt – sonntachs frei?!«

Der Dichter glaubt an Menschenwerte;
und als ein gläubiger Poet,
der schon so manchen Schuft bekehrte,
nimmt er den Schreihals ins Gebet.

»Ich bitt', Herr Unteroffizier,
um ein paar freie Stunden nur.
Denn, ach, es übermannt mich schier
die schöne, weite, große Flur.«

Der Störenfried sprach fassungslos:
»Watt is dett für ein ulkja Ton?
Watt heißt *die* Flur? *Der* Flur is jroß!
Du bist woll Dichta, watt, mein Sohn?«

»Ja«, hat der Dichter kundgetan,
worauf der Quälgeist rief: »Na schön!
Im Kella troppt 'n Wassahahn,
komm schleunichst mit und dichte den!«

Da hat denn der Poet gewerkt
an jenem, ach, so »freien« Tag.
Da hat er dann nichts mehr gemerkt
vom wundervollen Maientag.

Reinfall

Die Diva Britt scharwenzelte
einst über einen Steg.
Sie sexelte, sie tänzelte
und sah nicht auf den Weg.

Sie blickte sinnlich in das Blau,
halb träumend und halb wach ...
Da trat sie fehl, schrie gellend »au!«
und stürzte in den Bach.

Ein Mädchen rief ihr hinterdrein:
»Jetzt hast du's, alte Hex'!
Lass dir das eine Lehre sein,
gib nächstens acht statt Sex!«

Gegensatz

Es schwor ein Immobilienhai,
dass sein Besitz rechtmäßig sei.
Dagegen schwor ein Leichtmatros',
dass sein Besitz recht mäßig bloß.

Frage und Antwort

Macht Onkel Max Geschichten?
Mit Nichten.

Erinnerung an Lottchen

Das Lottchen war so schlank und rank,
war jung und liebenswert.
Doch, ach, es war auch augenkrank,
drum wurde es verzehrt. –
Das arme Pferd!

Trostpastillen

Trost

Gar vieles mir die Ruhe raubt,
doch eines stimmt mich froh:
Am höchsten Wirbel sitzt das Haupt,
am untersten der Po.
Wird auch das Rückgrat umgedreht,
indem man auf dem Schopf
beziehungsweis' auf Händen steht –
der Po wird doch nie Kopf.

Ausgleich

Packt der Wind dich mal von vorn,
so bezwinge deinen Zorn!
Schließlich weiß doch jedes Kind:
oft kommt auch von hinten Wind.

Fortschritt

Warf ein Ehepaar einst mit Geschirr,
gab es immer Scherben und Geklirr.
Ach, auch heut manch Eheglück zerschellt,
aber das Geschirr (aus Kunststoff) hält.

Balsam

Ein Autonarr ging mal durch Wien,
da überfuhr ein Auto ihn.
Doch sterbend hauchte er noch: »Hoh,
das war kein schäb'ger Straßenfloh!
Ich schuld' dem Schicksal Dank und Preis:
Mich fällte schließlich ein Rolls-Royce!«

Tribut aus Eitelkeit

Es ging einmal ein Kunde
zu einem Handelsmann.
Der sprach dem Mann zum Munde –
und prellte ihn sodann.
Den Mann konnt' das nicht rühren;
denn jedermann begreift:
Man lässt sich gern rasieren,
ward man gut eingeseift.

Schadenverhütung

Versager leisten meistens Schlechtes;
doch darf man keinesfalls verhehlen:
mitunter tun sie auch was Rechtes,
und zwar am Arbeitsplatze fehlen.

Relativitätstheorie

Welch Lichtblick doch die Nieten sind,
die noch zu unterbieten sind.

Diverse Verse

Die reine Wahrheit

Ist's auch vielen nicht geläufig,
was nun folgt, das gibt es häufig.

Taschendiebe, die nicht klauen,
Schürzenjäger ohne Frauen,
Kaffeekannen ohne Tülle,
Ferienorte ohne Fülle,
Schiffsbesatzung ohne Rum,
Western-Helden ohne Mumm,
neue Filme ohne Sex,
reiche Leute ohne Schecks,
Urlaubskarten ohne Gruß,
Fernsehwerbung ohne Schmus,
Ozeane ohne Dreck,
Bomben mit humanem Zweck,
Massenmörder mit Gewissen,
Liegesofas ohne Kissen,
Wohngebäude ohne Pforte
und Gedichte ohne Worte.

All das gibt es, ohne Flausen!
Mir verriet es Herr Münchhausen.

Der richtige Maßstab

Bewundre nicht die Faust des Boxers,
die auf den Gegner niedersaust!
Bedenk in einem solchen Falle:
Viel größer ist doch Goethes Faust!

Tolle Sachen

Es war einmal ein Bierglas,
das stand nur rum als Zierglas.
Drum fing es an zu greinen
und bitterlich zu weinen.
So wurde es ein Greinglas
und schließlich gar ein Weinglas.

Es war ein Gehweg, dem behagte
sein Schicksal nicht, und er wehklagte:
»Ich möchte gern ein Seeweg sein
und nimmermehr ein Gehweg sein.
Aus welchem Grunde wohl? Nun, drum:
Auf mir tritt alle Welt herum!«

Es lag mal eine Flasche
in einer Einkaufstasche
und war drum eine Taschenflasche.
Indessen war die Tasche,
da in ihr eine Flasche,
natürlich eine Flaschentasche.

Ein Weckglas war urplötzlich fort.
Man suchte da, man suchte dort
und stellte fest zu schlechter Letzt:
»Das Weckglas ist ein weg-Glas jetzt.«

Auf einem schicken Ledersessel
lag einst ein leerer Wasserkessel.
Wieso wohl hat er dort gelegen?
Nun, sicherlich des Reimes wegen!
Es lag einmal ein Taschentuch
in einem kleinen Taschenbuch.
Es *las* nicht drin, es *lag* nur drin,
und das hat wirklich wenig Sinn.

Tolle Pflänzchen

Es stand ein Baum bei einem Haus,
der schlug im Frühling mächtig aus.
Da ist wohl jedem Kenner klar,
dass dies Gewächs ein Schlagbaum war.
Ein andrer Baum stand ganz allein
an einem stillen Ackerrain.
Da ist wohl jedem Menschen klar,
dass dieser Baum ein Einbaum war.
Und schließlich stand am Waldessaum
ein völlig kronenloser Baum.
Da ist wohl selbst dem Dümmsten klar,
dass dies ein reiner Stammbaum war.

Die Kornblume hat keinen Dorn,
doch hat sie bei sich ständig Korn.
Deswegen ist, das stimmt genau,
die Kornblume auch immer blau.

In einer Kellerkiste lagen
Kartoffeln seit rund hundert Tagen.
In dieser Zeit verliebte sich
in eine Knoll' ein Knollerich.
Die Gründe waren höchst reale:
Die Knolle war a) toll in Schale,
tat b) auch innerlich viel taugen
und hatte c) so schöne Augen.

Es war mal eine Kiefer,
die wurde täglich schiefer.
Man holt bei solchen Schäden
den Kieferorthopäden!

Im Frühjahr ziert manch Krokus
aufs schönste manchen Lokus.*

---

*   *Lokus (aus dem Lateinischen) Ort, Platz*

Die Jahreszeiten

Frühling
Der Frühling ist kein Sprinter,
drum folgt er immer hinter
dem Winter.

Sommer
Der Sommer ist ganz ideal,
daran ist nicht zu tippen.
Klar, alltags nieselt es manchmal,
doch sonntags – regnet's Strippen.

Herbst
Weiß liegt der Nebel überm Fluss,
im Speicher liegt der Weizen.
Wer im Oktober stirbt, der muss
im Winter nicht mehr heizen.

Winter
Die Bäume tragen keine Blätter,
oft ist es glatt und oft noch glätter,
und alles das kommt nur vom Wetter.

Moralisches Gedicht

Kentert auf dem See dein Kahn,
haut dich jemand vor den Zahn,
badest du im Arbeitsschweiße,
so schrei ruhig lauthals »Scheiße!«.
Denn die Leute, die das hören,
wird es ganz bestimmt nicht stören.

Sitzest du im Esslokal
beim bestellten Mittagsmahl
und dir mundet nicht die Speise,
so schrei trotzdem nicht gleich »Scheiße!«.
Würden Leute das hier hören,
würden sie sich hell empören.

Moral:
Wie man sich betragen kann,
kommt ganz auf die Lagen an.

Astro-Logik

Steinbock (22.12.–20.1.)
Der Steinbock-Mensch ist stur und störrisch,
er ist halt bockig-renitent.
Doch ist er zahm und gar nicht herrisch,
wenn er – im Bette liegt und pennt.

Wassermann (21.1.–19.2.)
Der Wassermann ist nie ein Prasser,
er lebt in mönchisch strenger Zucht.
Er trinkt am liebsten klares Wasser
und hat auch prompt die Wassersucht.

Fische (20.2.–20.3.)
Der Fische-Mensch lebt stets im Trane,
er ist fürwahr ein großer Tropf,
und wie der Dorsch im Ozeane
hat er auch Schuppen – auf dem Kopf.

Widder (21.3.–20.4.)
Der Widder-Mensch ist wie ein Schafbock:
geduldig, brav und frei von List.
Aus Widderwolle ist sein Schlafrock
– sofern er aus nichts andrem ist.

Stier (21.4.–20.5.)
Der Stier-Mensch pflegt vor Wut zu schnauben,
kränkt oder reizt ihn irgendwer.
Doch dürft ihr ohne weiters glauben:
Bei Schnupfen schnaubt er noch viel mehr.

Zwillinge (21.5.–21.6.)
Die Zwillinge sind leider dämlich,
so tumb, dass sie kein Mittel heilt.
Da sind die Erbanlagen nämlich
zum Unglück stets durch zwei geteilt.

Krebs (22.6.–22.7.)
Der Krebs-Mensch liebt allein den Rückschritt,

verhasst ist ihm der Vorwärtsdrang.
Er hat am Fahrrad einen Rücktritt,
im Auto einen Rückwärtsgang.

Löwe (23.7.–23.8.)
Der Löwe-Mensch hat eine Mähne
und scharfe Beißer. Ei der Daus!
Im Alter fallen ihm die Zähne
und Haare freilich oftmals aus.

Jungfrau (24.8.–23.9.)
Der Jungfrau-Mensch ist fraulich leise
und keusch wie kleine Mägdelein;
doch können auch selbst Jubelgreise
laut Tierkreiszeichen Jungfraun sein.

Waage (24.9.–23.10.)
Der Waage-Mensch wägt sehr bedächtig.
Fragt man ihn beispielsweis' »Wie geht's?«,
so sagt er »lausig« oder »prächtig«;
doch irgendwie geht es ihm stets.

Skorpion (24.10–22.11)
Skorpion-Geborene sind stachlig,
was diese Leute nicht geniert.
Na, seien wir gerecht und sachlich:
Mitunter sind sie auch rasiert.

Schütze (23.11.–21.12.)
Der Schütze zielvoll durch die Welt wallt,
und mit der Flinte protzt er sehr.

Besitzt er keine, dann entfällt halt
für seine Angab' das Gewehr.

Kurzgedichte zur Geschichte

Julius Cäsar,
der sonst zäh war,
ist verblichen
nach paar Stichen.

Dschingis-Khan
sprach: »Mein Plan
ist, der Erden
Herr zu werden.«

Jeanne d'Arc
wurd' arg
verkannt
und verbrannt.

Christoph Kolumbus
sprach: »Westwärts herum muss
man Indien
auch findien.«

Martin Luther
sprach: »In Butter!
Viele lesen
meine Thesen.«

Wallenstein
sah gern sein
Landsknechtsheer
beuteschwer.

Friedrich der Zweite
entriss im Streite
Maria Theresia
das schöne Silesia.*

Stresemann,
der gewann
nach viel Feindschaft
Frankreichs Freundschaft.

Adenauer
liebte Dauer,
war manch Jahr
Kanzler gar.

Gorbatschow
hasste Zoff
und mied Krieg.
Welch ein Sieg!

Kleine Verse über große Künstler

Paganini
lockten Ski nie;

* Schlesien (auf lateinisch)

nur zum Geigen
tat er neigen.

Rubinstein
konnte fein
konzertieren
auf Klavieren.

Gerhart Hauptmann
schriebe (glaubt man)
für die Leute
Krimis heute.

Thomas Mann,
der ersann
einst das Werk
»Zauberberg«.

Pablo Picasso
sah gerne, was so
mancher zahlte
fürs Gemalte.

Käthe Dorsch
spielte forsch
manche tolle
Bühnenrolle.

Richard Tauber
sang blitzsauber
immer wieder
toffe Lieder.

Bertolt Brecht
war nicht schlecht;
denn es blieb,
was er schrieb.

Günter Graß
schreibt oft was
und genießt,
wenn man's liest.

Willkommen, wilde Kürzel!

»In der Kürze liegt die Würze«
heißt ein alter, wahrer Spruch.
Darum, Mime (Mitmensch), kürze!
Sprich und schreibe nur noch Bruch!

Nenne die Metallarbeiter
kurz »Metaller«! Und sodann
sprich die Holzarbeiter heiter
und beschwingt als »Holzer« an!

Nenn den Sportschiedsrichter »Schieri«!
Straffheit ist auch hier von Reiz.
Nenn den Linienrichter »Liri«,
sag statt »abseits« einfach »seits«!

Eine Wanderwegmarkierung
nenne bündig »Wawemar«!

Solche Stummelwortlegierung
ist bestimmt gleich jedem klar.

Wilde Kürzel sind ein Sprachschmuck,
und wer solchen Wortbruch trifft,
sage »Willwilkür« mit Nachruck!
Was das heißt? Sieh Überschrift!

Überschall

Es lässt sich nicht bestreiten:
In längst vergangen Zeiten
war's ruhiger im Äther.
Das änderte sich später.

Heute ist von Dur und Moll
auch die kleinste Kammer voll,
überallher klingt's wie toll,
deshalb packt mich oftmals Groll.

Selbst wenn ich im Bett schon lieg'
und mich in die Kissen schmieg',
dringt ins Zimmer noch Musik,
dass ich Schlaf kaum krieg'.

Das wurd' mir zu dumm,
darum zog ich um.
Neu war nun der Ort,
aber Lärm auch dort.

Meine Wirtin spielt häufig morgens schon
alte Platten auf ihrem Grammophon,
und ihr Sohn sieht fern mit zu lautem Ton.
Drum bin ich jüngst geflohn.

Doch sah ich mich nach keinem neuen Wirt um,
ich rannte ruhesuchend nur zum Strand.
Allein, mein Ziel entpuppte ich als Irrtum,
weil ich dort Ruh' nicht fand.

Da dröhnten laut zwei Kofferradios,
und es entstand ein Tönebrei,
ich hörte noch das Wörtchen »Adios«,
dann eilte ich zur Polizei.

Ach, Marschmusik empfing mich hier,
blitzschnell verließ ich das Revier.
Und unterwegs beschloss ich gallig:
Ich ziehe um auf eine Hallig.

Lieder unserer Zeit

Hab' mein'n Magen voll geladen,
voll mit leckren Speisen.
Ach, ich merk', das wird ihm schaden,
wär' er doch aus Eisen!

Hänschen klein
ging allein
in die weite Welt hinein.
Als Hans groß,
zog er bloß
noch mit Autos los.

Ein Jäger aus Kurpfalz,
der reitet zickzack durch den Wald,
obwohl gradaus er will.
Doch das verwehrt ihm Müll!

Der Kuckuck und der Esel,
die hatten einen Streit.
Gewonnen hat der Esel.
Sein Anwalt war so g'scheit!

»Kuckuck, Kuckuck!«
ruft's aus dem Wald.
Dann denkt man prompt wohl:
Zum Kuckuck! Kommt wohl
der Gerichtsvollzieher nun bald?

Liebeslied

Schatz, ich lieb' dich fürchterlich,
und deswegen bitt' ich dich:
Komm doch heut zum Tee zu mir
um vier!

Oh, mein Schatz, du tust mir weh,
sagst, du möchtest keinen Tee.
Sprich, trinkst du denn lieber Wein
zu zwein?
So, du glaubst, dass Wein nicht schmeckt.
Na, wie wär' es dann mit Sekt,
oder hast du gar den Wunsch
nach Punsch?
Wie? Du schmachtest nur nach Bier?
Sieh, ich schmachte nur nach dir!
Darum komm um vier zu mir
zum Bier!

Tierlied

Ich hab' im Stall ein fettes Schwein,
das brach noch nie ein Bein.
Es lag noch nie im Streckverband,
solch Schwein hat eben Schwein.
Und doch macht mir das Schwein viel Pein:
Es folgt mir oft ins Wohnhaus.
Wahrscheinlich will das alte Schwein
im Ernst ein Haustier sein.

Seemannslied

Ist erst der Maat in den Jahren,
dann ist sein Leben so leer.
Er kann aufs Meer nicht mehr fahren,
das macht das Herz ihm so schwer.
Er denkt an prächtige Schiffe,
schlurft oft zum Hafen noch hin;
dann wird ihm schummrig im Köpfchen,
und es verwirrt sich sein Sinn,
und muss er nachts auf das Töpfchen,
sieht er dort Schiffe drin.

Reiterlied

Ein Boy aus Nevada
sah Chancen nicht nah da;
dieserhalb ritt er keck
aus dem Heimatdorf weg.
Er griff bald zum Colte,
ein Strolch nämlich wollte
ihm rauben das Gepäck.

Der Jüngling kam glatt dann
zu Pferd in 'ner Stadt an;
dort kaufte er am Stand
nach kurzem Beschauen
paar Gummis zum Kauen.

Drauf wurd' er im Land
stets Kauboy genannt.

Zur Beherzigung

Du kannst als Bürger dieser Welt
nun mal nicht ohne Mammon leben.
Doch jag nicht *pausenlos* nach Geld!
Lass dir noch Zeit, was auszugeben!

Kleine Farbenlehre

Violett ist die Heide,
der Schwarzwald ist grün,
lehmig braun ist die Donau,
(ich sah sie in Wien).

Violett ist der Rotkohl,
die Weißwurst ist grau,
dunkelbraun ist das Schwarzbrot,
und – ich bin grad' blau.

Behauptung über die Behauptung

Hätt' einst der Konstrukteur des Hutes
die Krempe oben angebracht,
so gingen wir heut frohen Mutes
mit einem Krempenschirm bedacht.
Und trüge im genannten Falle
ein Mensch den Hut so wie wir jetzt,
dann tuschelten die Leute alle:
»Der hat den Hut falsch aufgesetzt!«

Mal was anderes

Warum im Zorn stets »Scheiße« schrein?
Klingt »Exkrement« nicht auch ganz fein?

Selbstverkenntnis

Wer tun soll, was ihn nicht entzückt,
sagt meist: »Ich bin doch nicht verrückt!«
Wobei manch einer, der so schwätzt,
sich freilich maßlos überschätzt.

Klare Verhältnisse

Ein Faktum, das man nicht vergesse:
Man darf nicht allen Menschen trauen.
Wer sagt »Ich hau' dir in die Fresse!«,
der wird wohl höchstens *an* sie hauen.

Guter Rat

O Mensch, hör andern Menschen zu!
(Damit du merkst: Recht hast stets du.)

Sicher ist sicher

Wie primitiv sind doch die Wilden,
sie glauben noch an Zauberei!
Das ist in unseren Gefilden
natürlich lange schon vorbei.
Fürwahr, kein einz'ger Mensch erhofft hier
von einem Talisman noch Schutz.
Nun ja, womöglich ist ein Stofftier
im Auto doch zu etwas nutz!?

Unbestreitbar

Manch Forscher hat schon was entdeckt,
das alle Menschen sehr erschreckt.
Nie hat solch Resultat erzielt,
wer, statt zu forschen, Skat gespielt.

Aus dem Jahreslauf

Ein Jahr beginnt,
und jeder sinnt:
Bringt's Lust, bringt's Plage?
Nun, sicher bringt es, dass ihr's wisst,
sofern es nicht ein Schaltjahr ist,
dreihundertfünfundsechzig Tage.

Krächzt am Gründonnerstag 'ne Krähe,
ist Ostern schon ganz in der Nähe.
Schreit am Karfreitag jäh ein Häher,
ist Ostern noch ein bisschen näher.
Gurren zwei Tage drauf die Tauben,
ist Ostern da, das könnt ihr glauben!

Wenn im Herbst die Blätter fallen,
Neujahr die Raketen knallen.

Wenn's mitten im Dezember schneit,
ist Weihnachten nicht mehr sehr weit.

Dezembermitte *ohne* Schnee
verheißet auch der Weihnacht Näh'.

Fest steht wie Nebel im November:
Der sechsundzwanzigste Dezember
ist stets der zweite Feiertag,
und Neujahr ist (zähl nach, wer mag!)
mithin der achte Feiertag.

Österliche Tischregel

Beim Ostermahle sind Geschmatze
und Weihnachtsgänse fehl am Platze.

Mairat

Zähle nie in einer Mainacht
schon die Tage bis zur Weihnacht!

Mete-OHRologische Wahrheit

Wer Weihnachten auf den Azoren,
kriegt sicher keine kalten Ohren.

Energiespartipp

Wer winters weilt auf den Kanaren,
der kann daheim den Heizstoff sparen.

Fried-höfliche Betrachtung

Es gibt sone und gibt solche:
Tugendbolde und auch Strolche.
Sind sie tot, steht an der Gruft
aber nie: »Hier ruht ein Schuft.«
Schufte, könnt' man daraus schließen,
nach dem Tod in Dunst zerfließen.

Beachtenswert

Du kannst wohl Menschen mühelos
im Nachruf in den Himmel heben.
Sie tätig lieben kannst du bloß,
solange sie noch leben.

Bedenke das Ende!

Tu Gutes, und hör auf zu streiten
um lächerliche Kleinigkeiten!
Die Nachwelt soll doch mal mit Fug
und ohne Lug und ohne Trug
in einem hehren Nachruf lesen,
wie gut und friedlich du gewesen!

Schlusswort

Dem guten Dichter fällt, wie fein,
recht häufig was zum Dichten ein.
Doch streikt einmal sein Pegasus,
dann macht der Dichter einfach
Schluss.